Elogios para Querida amiga

«Este inspirador y entretenido libro, combinación de *On Golden Pond* y *It's a Wonderful Life*, lo motivará a asumir sus defectos y a hacer florecer una vida más significativa y más profunda. A medida que nos comparte los momentos definitorios de su vida mediante cartas a una amiga moribunda, Margaret Terry nos desvela lecciones vitales de fortaleza, amor, perdón, gratitud y fe. Usted reirá y llorará, pero principalmente se sentirá motivado a acercarse a sus seres queridos, a compartir los pedazos secretos de su propio corazón».

—DARLENE GUDRIE BUTTS, ESCRITORA, *LESSONS FROM THE DEPRESSION*

«El gesto más amable de generosidad para alguien que se halle colmado por la tristeza no es una comida ni un regalo. Es la presencia. *Querida amiga* es un hermoso testimonio de lo que puede pasar cuando una mujer decide compartir fielmente su propia historia e introducirse en la historia de otra mujer. Tras escuchar la palabra *cáncer* y sobrevivir, yo afirmo que fueron las Margaret Terrys que existieron en mi vida las que me dieron la valentía suficiente para continuar viviendo».

—MICHELE CUSHATT, ORADORA MOTIVACIONAL, DYNAMICS COMMUNICATORS INTERNATIONAL

«La *Querida amiga* de Margaret Terry es esa mano firme que te sostiene por el codo en el momento en que sientes deseos de salir corriendo. Es la voz de la amistad que propone: "Seamos francas". Depués de estar frente a tan solo unos centímetros de perder a su amiga a causa del cáncer, Terry estaba en busca de milagros, y los encontró insertos en su propia e imperfecta vida. Terry vacía sus secretos en una página y así ilumina el camino hacia la franqueza consigo misma —y hacia la autoaceptación— velita, tras velita. El libro es contemplación de la gratitud, receptáculo de confesiones y la sorpresa del ser pleno después de una pérdida irreversible. Si usted piensa que *debe haber algo más en la vida*, entonces tome este libro y siga las cincuenta y cinco velitas de honestidad hasta el lugar al que Terry nos guía. Ese lugar, sorprendentemente, es usted mismo».

—BONNIE GROVE, ESCRITORA GANADORA DE PREMIOS, HA
PUBLICADO EN EL EXTRANJERO *YOUR BEST YOU: DISCOVERING
AND DEVELOPING THE STRENGTHS GOD GAVE YOU*

«Hace más de 400 años, Pascal escribió: "El corazón tiene razones que la razón no entiende". A medida que Margaret Terry compartió valientemente los relatos sobre su vida, ayudó a su amiga a enfrentar su propia muerte. Los misterios de ambas —la vida y la muerte— conciernen al corazón. *Querida amiga* le hará bien a su corazón».

—GUY CHEVREAU, AUTOR DE *WE DANCE BECAUSE WE CANNOT
FLY, TURNINGS* Y *CATCH THE FIRE*

«*Querida amiga* es puro corazón, está llena de amor y de historias que inspiran. Margaret Terry es una relatora natural».

—JENNIFER HAUPT, AUTORA, *I'LL STAND BY YOU: ONE
WOMAN'S MISSION TO HEAL THE CHILDREN OF THE WORLD*

«En esta honesta y tierna carta de amor acerca de la vida, Margaret Terry nos muestra cómo se manifiestan la verdadera valentía y la fe. Al cerrar este libro, hubo una palabra por decir: "¡Amén!"».

—ANN HITE, AUTORA GANADORA DE PREMIOS DE *GHOST ON
BLACK MOUNTAIN*

«Estas cartas a una mujer moribunda demuestran el poder que tienen los relatos para hacernos sentir vivos y con esperanza, incluso en nuestros momentos más sombríos. La fe de Margaret Terry constituye un marco lleno de gracia para los cincuenta y cinco retratitos de amor, pérdida y perdón. (Seguidores de Anne LaMott: ¡he aquí un alma gemela!)».

—MARNI JACKSON, AUTORA, *THE MOTHER ZONE*

«Historias conmovedoras de la vida de una mujer que renovó su fe en la amistad y en Dios... El efecto que resulta de estas cartas es la fe, la esperanza y la perseverancia frente a la adversidad».

—*KIRKUS REVIEWS*

«Un libro en un millón. *Querida Deb* nos lleva a los umbrales de la verdad y la transparencia, que rara vez se cruzan».

«Las persuasivas historias de Margaret Terry son reveladoras del corazón y transfunden gracia, fortaleza y aliento a alguien que enfrente el mayor reto de la vida. Leer estas cartas en *Querida amiga* es como tomar una taza de té con una amistad cercana, como compartir nuestras alegrías y penas más profundas durante una conversación, como descubrir el significado de una experiencia común y salir sintiendo amor, esperanza y afirmación».

«Los buenos amigos intercambian los trozos más preciados de sí mismos para salvaguardarlos. Este libro contiene las piezas que Margaret Terry dio a Deb cuando ambas necesitaban un milagro: trozos de esperanza, de corazón, fe y valentía. Usted hallará dichas piezas una y otra vez y, pedazo a pedazo encontrará, al igual que estas amigas, que los milagros están en todos lado, y comienzan con usted».

«Si alguna vez se ha preguntado si Dios es real o si existe la posibilidad de un milagro para usted, ¡lea este libro! En *Querida amiga*, Margaret Terry dice: "Cuando la fe toma de la mano a la confianza, los milagros pueden ocurrir". Este libro es una jornada de amistad y una jornada de fe, y cuando usted emprenda esta jornada con Margaret, conocerá a una mujer que, una vez persuadida y capturada por Dios, nunca más se conformará con menos».

querida amiga

querida amiga

UNA MUJER CON CÁNCER,
UNA AMIGA CON SECRETOS
Y LAS CARTAS QUE SE CONVIRTIERON
EN UN MILAGRO PARA ELLAS

MARGARET TERRY

GRUPO NELSON
Una división de Thomas Nelson Publishers
Desde 1798

NASHVILLE   DALLAS   MÉXICO DF.   RÍO DE JANEIRO

© 2013 por Grupo Nelson®
Publicado en Nashville, Tennessee, Estados Unidos de América. Grupo Nelson,
Inc. es una subsidiaria que pertenece completamente a Thomas Nelson, Inc.
Grupo Nelson es una marca registrada de Thomas Nelson, Inc.
www.gruponelson.com

Título en inglés: *Dear Deb*
© 2012 por Margaret Terry
Publicado por Thomas Nelson, Inc.

Citas del libro infantil en la carta «Una nueva historia» son del libro de
Christopher Paul Curtis, *The Watsons Go to Birmingham—1963* (Nueva York:
Random House, 1995).

Editora en Jefe: *Graciela Lelli*

Traducción: *Esthela González Guerrero*

Adaptación del diseño al español: *Grupo Nivel Uno, Inc.*

ISBN: 978-1-60255-869-4

Impreso en Estados Unidos de América

13 14 15 16 17 RRD 9 8 7 6 5 4 3 2 1

Nota de la autora

No vemos las cosas como son. Las vemos como somos.

—Anaïs Nin

Los relatos en estas cartas son acontecimientos reales que ocurrieron en mi vida. Salvo los de mi familia, se han cambiado algunos nombres y detalles para proteger la privacidad de los que se mencionan. Mucha gente me ha preguntado cómo recuerdo tanto de mi pasado. No hay una respuesta sencilla a eso, solo decir que si la memoria es una manera en la que nuestros corazones se apegan a las cosas que apreciamos o a las que necesitamos, mi corazón estaba superlleno. Una vez que abrí la puerta al pasado, saltaron unos cuantos recuerdos cual muñecos de sorpresa emocionados al ver la luz del día; otros querían permanecer en su lugar, por lo que tuve que cavar hasta su escondite, como un minero. Estoy agradecida con mis hermanas, Lisa y Deborah, con mi papá y mi prima Geri, que confirmaron muchos relatos de la infancia. Ellos me ayudaron a ser tan fiel como me fue posible al orden de los acontecimientos y a los diálogos, al tiempo que respetaron que cada una de nuestras perspectivas era única.

A Deb y todas las Debs que creen
en milagros...

Cada uno de nosotros es un ángel con una sola ala; y
solo podemos volar abrazándonos uno al otro.

—Luciano de Crescenzo

Contenido

La inspiración

«Tendré mi milagro».

Me esforcé por escuchar sus palabras, finos murmullos que resoplaba con cada una de sus respiraciones entrecortadas. «Necesito que me ayudes a creer en eso».

Deb no dijo qué milagro sería, solo que estaba segura de que habría uno para ella. Estábamos sentadas en un círculo de amigos que había conocido en la guardería de la iglesia para orar con ella después de su reciente diagnosis de cáncer de pulmón inoperable en la etapa cuatro. Todos sabíamos lo que significaba inoperable, pero no nos atrevíamos a decirlo en voz alta. Inoperable significa terminal, una palabra que no tiene cabida en ese ambiente, una que no existía cuando éramos niñas y cantábamos afirmando que no nos importaría lo que dijeran de nosotras. Deb había vencido el cáncer de seno unos años atrás. «Sobreviviente» era la etiqueta que había estado usando hasta ese día en que «terminal» trató de ocupar su lugar.

Me sorprendió que me invitaran a orar por ella. Pueden contar conmigo para que prepare comida cuando alguien se enferma; o si se necesita ayuda para recaudar fondos, me presento con ideas de mercadotecnia y un baúl lleno de donativos. Pero orar en voz alta en un grupo me incomoda. Además, yo no era tan cercana a Deb. Era una amiga de la iglesia a quien había conocido por seis años, alguien que planeaba retiros y grupos de estudio, una chica muy capaz que estaba lista para ayudar incluso cuando no se le pedía. Sabía que le gustaba el vino tinto, la música que llaman *Motown* y que le iba al equipo de *hockey* Buffalo Sabres, pero fuera del templo Deb y yo no socializábamos. No nos hablábamos por teléfono, ni nos veíamos para tomar café ni íbamos al cine. No estoy segura por qué ocurre eso en las iglesias. Abrazamos a la misma gente cada domingo durante años, vemos a sus hijos crecer y compartimos sus dificultades y sus alegrías, sin embargo, por alguna razón, limitamos nuestra relación a amigo de la congregación. Quizá es por eso que decidí unirme al grupo de oración por ella, que estaba enferma. Pensé que necesitaría una amiga mejor que lo que había sido.

Después de terminar de orar, Deb declinaba toda oferta de ayuda para prepararle sus alimentos, limpiarle la casa o ayudarla con sus diligencias. Cuando le preguntábamos qué podíamos hacer por ella, respondía: «Envíenme palabras de aliento y crean en mi milagro».

Palabras de aliento, eso era algo que yo era capaz de hacer.

He sido contadora de relatos desde que tenía seis años, cuando mi madre tuvo su primera serie de tratamientos con terapia de electrochoque. Inventaba historias para mantener a mis hermanas en silencio mientras mi mamá dormía, lo que hacía mucho. Dormir era su refugio, su único santuario en las batallas contra la depresión que perdió pese a cuantas corrientes de electricidad asaltaran su cuerpo. En aquellos días, no teníamos libros en casa, pero teníamos el catálogo de la tienda por departamentos Sears, lleno de fotografías con niños sonrientes vestidos para toda ocasión. Mis hermanas y yo nos apretujábamos hombro con hombro en nuestro grande y maltratado sofá y ojeábamos las páginas de ese catálogo de principio a fin, hasta que encontrábamos los zapatos adecuados con las carteras que les hacían juego para usarlos en nuestro sofá de aventuras. Podíamos viajar a tierras lejanas, con la dirección de mi imaginación y mis hermanas como fiel tripulación, siempre tan hambrientas de magia como yo.

El primer día que me senté a escribirle a Deb, batallé para hallar palabras distintas a «Creo en tu milagro». ¿Qué podía decirle yo de alentador si los doctores no podían? Durante diez días, le envié correos electrónicos optimistas con fragmentos que sonaban huecos, mis palabras hacían eco de mi falta de fe en el milagro suyo.

El día en que a Deb se le notificó que tenía un tumor cerebral que debía ser extirpado antes de que pudiera comenzar el tratamiento para los pulmones, me sentí mareada pensando cómo podría permanecer esperanzada con dos tipos de cáncer por vencer. Sabía que Deb era fuerte. Era alta y atlética, y jugaba en el equipo de *hockey* femenil. También era una mujer de fe, que podía pelear esa batalla desde el punto de vista mental y físico, pero cáncer en el cerebro y los pulmones tenía que ser aterrador.

Fue entonces que mis cartas cambiaron.

No sabía qué se siente al tener cáncer, pero de miedo sí. Pensé en todas las ocasiones en que he detenido a las cosas ajenas a mi control, cosas que podría compartir con Deb si hubiéramos sido amigas más cercanas o si hubiéramos tenido más tiempo. Así que comencé a decírselas. Escribí acerca de mi divorcio y cómo fue que no lo vi venir. Escribí sobre ser sorprendida robando en una tienda y acerca del mejor bailarín que he conocido, un hombre sin piernas. Cuando Deb respondió: «Pese a lo mal que me siento, tus cartas me dan algo que estoy esperando», seguí escribiendo. Ella estaba muy enferma como para comer, pero no para leer. La enfermedad de Deb me dio la oportunidad de reflexionar en mi vida y lo que visualicé fue sobrecogedor. Vi milagros esperando que yo les diera voz.

Deb comenzó a compartir las cartas con amigos y familiares, de modo que despegaron. En tres meses, cientos de personas en siete países leían las cartas a la Querida Deb todos los días. Hubo extraños que escribieron contando que batallaban con su vida y, sin embargo, se rehusaban a abandonar la esperanza. Algunos hablaron de sus propios milagros, otros añoraban uno.

Mientras escribía, tenía consciencia de que Deb y yo estábamos construyendo un puente que nunca atravesaríamos. Los puentes a la intimidad toman años. Sabía que ganaba algo y que lo perdía al mismo tiempo. Montaba la cresta de una ola que se estrellaría al llegar a la playa, pero seguí remontándola con la esperanza de que, mientras continuara escribiendo, Deb seguiría viviendo. En seis meses le escribí ciento dos cartas. Solo la vi tres veces en esos seis meses, pero pasó una vida entera entre nosotras que creó un lazo que desafía al tiempo. Se rehusó a considerar cuánto tiempo le quedaba, al contrario, se concentró en vivir, y estaba ocupada haciendo planes hasta el momento en que exhaló su último aliento.

Deb tenía cincuenta y cinco años cuando murió.

A continuación hay cincuenta y cinco cartas a la querida Deb, una por cada año que con su hermosa presencia irradió su gracia en este mundo.

Las cartas

Índice de las cartas

Una familia verdadera

Querida Deb:

—Mamá, tu papá ¿es un papá *verdadero*? —Patrick estaba parado junto a mí frente al lavabo de un baño pequeñísimo. Se inclinó hacia adelante y presionó la nariz contra el espejo.

—Sí, es un papá verdadero —le sonreí a través del espejo, abanicándome las pestañas para verificar si el rímel se había secado. Usé del resistente al agua, por si acaso las lágrimas me asaltaban cuando lo viera—. Es *mi* papá, querido —mis hijos conocían a mis hermanas y a mi mamá, que durante años nos había visitado en Minnesota, pero nunca habían conocido a mi padre.

Aquel otoño, mi papá decidió que había llegado la hora de conocer a sus nietos. Michael y Patrick tenían once y ocho años, y no sabían mucho acerca de él salvo que su nombre era Donald, que sus amigos de preparatoria lo llamaban Ducky, y que vivía en Ohio. Por años prometimos visitarnos, pero nunca lo hicimos realidad. Lo más cercano que mi papá quería que yo estuviera se redujo a las cartas y las tarjetas que le envié con fotografías escolares y familiares. Aparte de poner al día mi directorio, tampoco hice mucho para sustentar la relación. Él era mi verdadero papá, pero no habíamos tenido una relación real desde que dejé el hogar recién cumplía mis veintitantos. Cuando les avisé su visita, Michael y Patrick actuaron como si llegara la Navidad y no mi

3

papá. ¡Tenían un abuelo! Adoraban el misterio de un desconocido que de repente se aparece ante nuestra puerta de entrada y dice ser mi padre.

Papá había envejecido con gracia. Era más guapo que en los setenta, época en que la gente lo confundía con el cantante Sonny Bono. Su cabello estaba salpimentado con canas, pero era grueso y exuberante como una alfombra lujosa. Llevaba un suéter color crema con cuello en V sobre una camisa de cuello rosado y pantalones de lana grises. No me extraña que sus amigos lo apodaran Dapper Don, el elegante mafioso.

Los chicos habían estado jugando a capturar la bandera en el patio, mientras esperaban su llegada. Cuando aterrizaron en la cocina, los pantalones caqui nuevos de Patrick estaban manchados de pasto y la camisa de botones azul pálido estaba moteada de afiladas hojas de pino. Estaban de pie frente a nosotros con ojos brillantes y sonrisas entusiastas. Quise arrojarme y enredarlos en mis brazos y exclamar: «*¡Mira, papá, mira lo que hice! ¿No son hermosos?*».

Mas me detuve. No iba a permitir que mi papá viera cuánto me importa que él estuviera orgulloso de mí. Tras una ausencia de veinte años, estaba sorprendida de que siquiera le importase.

Me puse de pie entre Michael y Patrick y pasé los brazos sobre sus hombros.

—Papá, este es Michael y este Patrick.

Michael estiró el brazo para estrechar la mano de mi padre.

—Hola, abue. Soy Michael —dijo con voz aguda. Pensé que el corazón me explotaría en el pecho como un cohete de cartón.

—Oh... por Dios... por... —mi papá estrechó la mano de Michael y dio un paso atrás. Se aclaró la garganta, tosió y se enjugó los ojos con el dorso de la mano—. Se ve... luce como... *luce como yo*... Podría haber sido mi gemelo...—. Papá se puso su palma en el corazón y se sentó frente a la mesa de la cocina. No podía dejar de mirar fijamente a Michael—. Es abrumador —dijo sacudiendo la cabeza—. Simplemente no puedo creer tal semejanza.

Michael se sentó frente a él.

—¿Te veías como *yo* cuando tenías once, abue?

—¡Seguro que sí, muchachito! Te voy a mandar una fotografía mía de la escuela para que puedas verlo por ti mismo —papá se recostó y puso las manos sobre la mesa.

Michael lo imitó, observando sus propias manos para ver si eran parecidas también. Sentí como si se levantara un telón al recordar momentos de mi niñez. Las manos fuertes y masculinas de papá, siempre inmaculadas, con las uñas uniformemente recortadas. Manos que me columpiaron con movimientos circulares, que me enseñaron cómo atrapar un balón, que fueron las que más aplaudieron cuando hacía reverencias delante del telón de fondo en las obras de teatro de la escuela secundaria.

Sentí el poderoso impulso de abalanzarme para ubicarme en la mesa entre mi hijo y mi padre. Mi deseo de tomarlos a ambos de las manos y sostenerlos me hizo sentir como si hubiese sido arrastrada por una corriente suficientemente fuerte como para lanzarme sobre una cascada. Anhelaba saber qué se sentiría tocarlos a ambos al mismo tiempo, conectarse y sentir lo que otras familias han sentido, familias que han celebrado juntas los días festivos, familias que han aprendido del perdón y que no estaban asustadas con su pasado.

Pero no me moví. Un nervio se me contrajo bajo el ojo. Lo pulsé con el dedo hasta que se normalizó.

Patrick se les unió a la mesa.

—Estoy contento de que estés aquí, abue —le tomó los puños en una especie de juego de tira y afloja con los brazos.

—Oye, ¿abue? —preguntó Michael—. ¡Tengo una pregunta para ti!

—Okey, pequeño —respondió papá y se inclinó hacia delante—. Dispárala.

—¿Cómo puede ser que te haya tomado tanto conocernos? Ya tengo once años, ¿sabes? —Se quitó una hoja de pino que tenía en su manga y la lanzó al suelo.

—Bueeeeno, ahora. ¡Supongo que es la pregunta del millón de dólares, Michael!... muy bien —lanzó un profundo respiro y se recostó—. Es una *muy* buena pregunta, Michael... muy buena —exhaló un silbido sin sonido y me miró en busca de ayuda.

Me encogí de hombros. ¿Qué podría decir para ayudarlo si yo no sabía por qué nos olvidó? Le pedí muchas veces que viniera a Minnesota a conocer a mis hijos, pero decidió permanecer alejado.

—¿Abue? —insistió Michael mientras golpeteaba la mano de papá con el dedo índice—. ¿Por qué no viniste antes?

—La verdad es... —papá se aclaraba la garganta—. La verdad es... que no tengo respuesta a eso, Michael. En realidad no sé por qué me ha tomado tanto tiempo venir a conocerlos —bajó la cabeza y la mirada al regazo.

Patrick y Michael estudiaron al padre de mi niñez, que alguna vez fue un chico que lucía como ellos.

Papá levantó la mirada para verlos detenidamente, sus ojos se aguaron.

—Pero ahora estoy aquí, tengo la esperanza de poder ser parte de su familia —y esbozó una sonrisa infantil. A partir de este momento, en este lugar, si me lo permiten.

Michael se puso de pie con una sonrisa destellante.

—Tú *eres* nuestra familia, abue. ¡Síí, eres el papá de mi mamá!

—Síí —coreó Patrick—. ¡Eres el papá de mi mamá! Ya eres de la familia.

Se arrojaron a sus brazos y lo abrazaron sin vergüenza.

Lo amaban porque era de la familia.

Y lo amaban porque estaba ahí.

Porque donde esté vuestro tesoro, allí estará también vuestro corazón.

—Mateo 6.21

Rica

Querida Deb:

Tenía diez años la primera vez que me sentí rica. Encontré un billete de cinco dólares en el jardín de mi vecino cuando iba camino a la escuela. Ese familiar color azul del billete canadiense yacía como papel tapiz sobre el exuberante pasto cubierto de rocío. Las lluvias de abril nos habían impedido explorar nuestro vecindario, pero cuando el sol brilló glorioso aquella mañana, la calle entera cantó con una gama de verdes superior a los del Amazonas. Estuve de pie ante ese rectangulito azul que destellaba más que un cántaro lleno de oro, desde el que la reina Isabel me miraba [la imagen de la monarca en el billete]. No podía creer que fuera tan afortunada: era rica.

El billete estaba tan húmedo que estuve tentada a exprimirlo como un trapo empapado, pero no quería arriesgarme a rasgarlo. En 1962, cinco dólares eran como la recompensa por el rescate de un rey; nunca había tenido cinco dólares para mí sola. Con mucho cuidado lo agarré, lo doblé por la mitad y lo deslicé en mi bolsillo, donde estaría a salvo. Cuando llegué al final de mi calle entré en pánico. ¿Qué tal si se secaba doblado y luego no podía despegarlo? Lo saqué y traté de secarlo. Lo soplé hasta que comencé a sentir que me desmayaba. Luego lo presioné sobre mi gruesa falda de lana, con la esperanza de que la tela absorbiera la humedad.

No resultó, por lo que levanté el brazo por encima de la cabeza y dejé que ondeara como el banderín de una carrera de autos. Revoloteaba y revoloteaba mientras corría, cuando llegué a la escuela, aún se sentía húmedo cual vieja esponja de cocina que se rehúsa a secarse.

Justo antes de entrar al salón de clase, tuve una brillante idea. Podría protegerlo y secarlo al mismo tiempo si lo insertaba en la pretina de mi falda. Primero, lo deslicé entre los dedos para plancharle cualquier arruga antes de aplanarlo contra mi abdomen. Se sentía fresco y pegajoso en mi piel. Me pregunté si así se sentía ser rico.

La maestra Anderson habló sobre un nuevo concepto para la exposición de ciencias mientras yo fantaseaba acerca de todas las maneras en que podría gastar mi recién hallada fortuna. SIEMPRE había deseado una muñeca Barbie, pero mi mamá decía que eran demasiado costosas y que como tenía tres hermanas menores con quienes jugar, no necesitaba una muñeca. Una Barbie auténtica costaba $3.99. Ni siquiera mi hermana, que era tocaya de la muñeca, tenía una. Ella hacía como si su barata muñeca de imitación fuera una Barbie verdadera, y nosotras dejábamos que lo creyera, aunque reconociéramos la diferencia. Con mis cinco dólares, tenía el dinero suficiente para tomar el autobús a la tienda por departamentos Woolworth del centro y conseguir mi Barbie favorita, la del traje de baño a rayas, además de una bolsa de palomitas de maíz con queso que podría comerme yo sola en el autobús de regreso a casa.

Mientras soñaba con la Barbie y me relamía el queso en polvo de las palomitas que tenía entre mis dedos, empecé a sentirme sudorosa. Me limpié unas cuantas gotas saladas que se me deslizaban por detrás del cuello y me sequé la mano en la falda. Me pregunté qué haría mi mamá con cinco dólares adicionales. ¿Compraría comida? ¿O lo guardaría en el sobre para emergencias que está sobre el refrigerador? Yo no sabía cuánto costaría una emergencia, pero una vez arrastré una silla de la cocina hasta el refrigerador para poder alcanzarlo y ver lo que había en el interior del sobre; había cuarenta y tres centavos. Tenía la esperanza de que esta vez ella lo usara para comida. Recién nos habíamos mudado una vez más porque ella había tenido que elegir entre pagar la renta y comprar comida. Siempre ocurría así cuando papá dejaba de vivir con nosotros. Mi mamá lloraba cada vez que tenía que preparar avena para la cena. Yo siempre le decía que me encantaba la avena, que no me importaba si la comíamos en el desayuno y en la cena, pero eso no detenía sus lágrimas. Sin importar qué tan seguido comiéramos avena o cuántos cupones reuniéramos y recortáramos para ahorrarnos dinero al comprarla, simplemente nunca había suficiente para víveres ni para que pudiéramos permanecer en un solo lugar por largo tiempo cuando papá no estaba.

Los cinco dólares empezaban a sentirse tan calientes como un parche térmico. Saqué el billete de mi pretina y lo puse en medio de mi libro de matemáticas, donde podría secarse limpio y quedar plano, como las rojas hojas de arce que me encantaba coleccionar en el otoño. Después del toque de la campana, tomé mi libro de matemáticas y unos lápices. Había llevado ese libro a casa una docena de veces, pero aquel día el peso me retrasó tanto que llegué tarde a ayudar a mi mamá con la cena. Cuando entré en el vestíbulo a media luz, hice lo que siempre hacía la primera vez que nos mudábamos a una nueva casa. Busqué los zapatos de mi papá. Como no los vi, sentí esa conocida punzada en la garganta que me recordó que debía aparentar estar feliz aunque estuviera triste. Pasé por la sala, donde la canción del programa El show de Lucy arremetía desde la televisión. Saqué los cinco dólares de mi libro de matemáticas, vi ahora el dulce rostro de la reina mientras me miraba una vez más, y supe lo que tenía que hacer.

«Mamá», llamé. «Adivina lo que encontré hoy...».

querida amiga

*En todo y por todo estoy enseñado, así para estar
saciado como para tener hambre... Todo lo puedo en
Cristo que me fortalece.*

—Filipenses 4.12–13

10

Me quito el sombrero

Querida Deb:

Michael tenía tres semanas de nacido cuando lo envolví en su afelpado traje para la nieve hecho de lana y lo enrollé en cobijas para caminar hasta el mercado. Era a principios de diciembre, nuestro primer invierno en Detroit, y hacía un frío glacial. El invierno había anunciado su llegada con cuarenta y ocho horas de aguanieve, un azote ártico a propulsión a chorro sobre Michigan. Me preocupaba que unas cuantas calles al mercado fueran más de lo que un recién nacido pudiera soportar, pero ya no aguantaba otro día sola en la casa.

El trueque de una carrera en la que vendía conceptos de mercadotecnia por la de cambiar pañales de tiempo completo fue más difícil de lo que me imaginé. Dejar Canadá por la profesión de mi marido, fue una elección que hice por amor, pero debido a sus constantes viajes, parecía como si el amor se hubiese quedado atrás con mis parientes y mi antigua vida. Estaba aislada en un suburbio de Detroit, sin amigos ni familia. Aunque estaba extasiada por tener un hermoso bebé, me sentía como incompleta. Caminar fue mi terapia antes de dar a luz; contaba con que las caminatas me ayudaran una vez más.

Dejé el cochecito de bebé a la entrada, junto a los carritos del mercado y le quité las pesadas cobijas que cubrían a Michael.

Estaba profundamente dormido, tenía la frente húmeda y las mejillas sonrosadas por haber estado demasiado cubierto. Desanudé su sombrerito tejido color crema con orejitas de borrego que sobresalían por lo alto, y cuando miré su carita sentí que el corazón me daba un vuelco con brío y que se me agolpaba contra las costillas. Había estado sucediéndome varias veces al día. En ocasiones mientras amamantaba, otras veces cuando visualizaba la inocencia de su carita antes de caer dormida. Se me infiltraba como un Chinook, esos vientos cálidos y secos de las montañas Rocosas que pueden derretir el día invernal más gélido. Sabía que amaba a mi bebé, pero sentía que mi corazón lo amaba todavía más.

Había una fila en el mostrador de la carne que estaba al fondo de la tienda, así que tomé una ficha con un número para esperar turno. El acogedor mercado olía a galletas de jengibre y a pino recién cortado. Sobre el mostrador se alineaban unos frascos con mermeladas y *chutneys* [mezcla de especias o frutas almibaradas] caseros, cada uno con una etiqueta escrita con letras de flores: *Mermelada de arándanos de mi jardín, Chutney de durazno de la tía Elsie.* Contra la pared lateral había una canasta llena de arreglos de ramas de pino blanco con un letrero: *De nuestro árbol a su corazón, $8 el ramo.* Michael dormía en el portabebé acoplado al carrito del mercado. Recosté la mano sobre su regazo. El carnicero llamó: «¡Número 39!». Miré mi número, 42, y bostecé.

—Disculpe, señora. ¿Qué edad tiene este bebé? —me dijo un hombre alto y mayor que se me acercó y me saludó haciendo un gesto con su sombrero de fieltro negro. Tenía el pelo blanco como la nieve, rígidamente peinado de lado. Sostenía un bastón de madera pulida y llevaba un abrigo formal negro hasta la rodilla y una bufanda de seda doblada en el cuello.

—Tiene tres semanas. Es su primera salida —sonreí y deslicé el sombrero de Michael para que el amable hombre pudiera apreciar los finos rizos de mi hijo.

—¡Mire nada más! —dijo—. Tres semanas ya... veintiún días de respirar, veintiún días de este pequeño ser en este gran mundo. —Los labios del hombre vibraban con una sonrisa que iluminó su cutis sonrosado—. Yo tengo noventa y dos años, y su hijo es lo más hermoso que he visto hoy.

Sus ojos eran claros pero de un gris lodoso, y me pregunté si alguna vez fueron azules.

—¿Puedo tocarle la cara? —dijo e inclinó su bastón hacia mi carrito—. ¿Le molestaría? —Lo vi batallar para quitarse los guantes y accedí, pero dejé mi mano posada sobre el regazo de Michael. Se acercó a la cara del bebé y detuvo el brazo a medio camino, como un artista que reflexionara dónde colocar la siguiente pincelada. Luego, siempre muy lentamente, acarició la mejilla de Michael con un dedo torcido.

—Perfecto —suspiró. Las lágrimas brotaron de sus ojos grises y dejaron un rastro en sus mejillas huecas hasta humedecer su bufanda de seda.

—Mire cuán perfecto lo hizo Dios —se puso frente a mí y, con el mismo dedo torcido, me señaló el pecho.

—Y piense... lo hizo solo para usted. —Hizo un gesto con el sombrero una vez más antes de hacer una reverencia y agradecerme por haberle presentado a mi hijo. Mi corazón, otra vez... *dio un vuelco.*

Y tomándolos en los brazos, poniendo las manos sobre
ellos, los bendecía.

—Marcos 10.16

Pedir dinero

Querida Deb:

Supe que iba a pedirme dinero antes de que yo llegara a la puerta del café, por lo que estaba preparada. Había ensayado para ese preciso momento. *No, lo siento. No tengo cambio, pero puedo comprarle el desayuno. ¿Cómo toma su café?* Sonreí y lo miré a la cara. Sus labios estaban resecos y despellejados, el cabello parecía lana cocida. Los profundos surcos bajos los ojos se habían oscurecido con la mugre, pero cuando entrecerró los ojos para mirarme noté un azul más nítido que el Mediterráneo. A las seis y media de la mañana, el aire estaba pegajoso tras otra noche húmeda, y me pregunté cómo se las arreglaba ese hombre con el verano en las calles a temperaturas tan altas que rompían los récords. Yo me quejaba cada vez que dejaba el fresco de mi casa con aire acondicionado para caminar seis metros a mi auto, que también tenía aire acondicionado.

—Muchas gracias, señor. Agradezco su ofrecimiento, pero no se me permite ingerir comida rápida. —Sonrió con dientes puntiagudos y cobrizos, manchados y tan oscuros como la punta de sus dedos—. Verá, señora, hay reglas para gente como yo.

Era tan articulado, sus ojos eran tan claros, que le creí, y comencé a indignarme, a querer ayudar a ese pobre tipo hasta que dijo:

—No me permitirían comer en Tim Hortons o en McDonald's, igual que no me permitirían usar calcetines en verano. —Se señaló los pies empantanados e inflamados, apretujados dentro de un zapato de lona.

—Y no se me permitiría usar guantes en invierno, tampoco. —Colocó las manos sobre el regazo y miró una y otra mano, examinándolas con la intensidad de un quiromántico. Quería preguntarle «quién no le permitiría», pero me di cuenta de que la conversación había terminado cuando no separó la vista de las manos. Continuaba volteándolas una y otra vez. Palmas hacia arriba, palmas hacia abajo, palmas hacia arriba, palmas hacia abajo. Las observaba como si las viera por primera vez.

—Uuuy, no sabía que no se le permitiera comer comida rápida —dije—. Lo siento —y me sentí avergonzada de permanecer de pie mirándolo mientras él hacía eso de voltear las manos. Decidí olvidar mi propio café y apresurarme de vuelta a mi coche. No le di dinero ni desayuno.

¿Qué le pasa?, pensé. *¿Por qué no aceptaría un café y una rosquilla cuando se la ofrecí?* Me consolé con el hecho de que al menos había intentado comprarle desayuno. No era mi culpa que el tipo fuera tan extraño como para no tomarlo.

Fue cuando llegué a la entrada de mi casa, en mi oasis de frescura, que la ventilación del coche emanaba como brisa ártica, que me percaté: si él hubiera aceptado la rosquilla y el café mientras se sentaba cruzado de pierna en el pavimento, no podría sostener su vaso y esperar a que alguien lo llenara. ¿Quién le daría dinero a un indigente mientras este bebe café caliente y come una rosquilla tostada con semillas de ajonjolí rellena de queso crema? El tipo estaba trabajando. Él estaba haciendo su trabajo, el único que conocía, y no pudo explicármelo.

Giré la llave de la puerta de roble de mi casa con aire acondicionado y me pregunté si habría escuchado su explicación.

No nos cansemos, pues, de hacer bien; porque a su
tiempo segaremos, si no desmayamos.
—Gálatas 6.9

¿Es realmente gratis?

Querida Deb:

Un domingo después de ordenar mi café con leche descremada tamaño grande en Starbucks, deslicé el billete de cinco dólares sobre el mostrador hacia la cajera adolescente. Ella lo recogió y me lo devolvió.

—¡Que tenga una excelente mañana! —exclamó.

Imaginé que estaría en entrenamiento y que no había aprendido que pagamos por nuestro café *antes* de que nos lo den. No quise avergonzarla, así que dejé los cinco dólares más cerca de la caja registradora y amablemente le recordé que todavía no había pagado.

—La casa invita esta mañana, ¡que lo disfrute! —Ella estaba radiante.

—¿Qué quiere decir? —farfullé, pensando que había escuchado mal. —¿Quiere decir que no tengo que pagarle?

Se rió mientras me devolvía el dinero.

—No creería lo difícil que es dar café gratuito a las personas. Casi todos insisten en pagar, es tan extraño. ¿Por qué la gente no acepta un regalo cuando se lo ofrecen? Se encogió de hombros y gritó al que preparaba el café—: ¡Café con leche descremada tamaño grande!

Me dirigí a mi auto, aferrada a mi café con leche, y pensé por qué me era difícil aceptar un café gratuito. ¿Sería porque me habían educado para creer que «gratuito» significa que no tiene valor? ¿O sería porque pensaba que no hay nada gratis, todo en la vida tiene un costo y en algún momento iba a tener que pagar?

Entonces me acordé de la gracia. Gracia, el regalo por el que ya se ha pagado, el don que continúa otorgándose sin importar lo que yo haga o lo que sea. La gracia ha sido siempre un misterio para mí, aparece cuando menos la espero. En ocasiones me hace sentir que no la merezco, en lugar de sentirme agradecida. Tomé unos sorbos a mi humeante café y me pregunté cuántos más se necesitarían para que pudiera entender un regalo como ese.

Hoy te deseo gracia desbordante, Deb.

Esperad por completo en la gracia que se os traerá.
—1 Pedro 1.13

Imagínate

Querida Deb:

En 1998, mi amiga Sarah y yo estábamos en Inglaterra en un *tour* que hacía recorridos a pie. Antes de comenzar nuestro sexto día de caminata guiada por la costa de Cornualles, pasamos algunos días paseando por Londres.

—¡Alto! —grité sofocadamente ante el acogedor autobús de dos pisos que se había detenido frente a nosotros. Halé a Sarah de la manga—. Tengo que regresar. ¡Olvidé hacer algo y es realmente importante! —Recién terminamos un recorrido de tres horas a la Abadía de Westminster, la célebre catedral gótica de setecientos años de antigüedad que está en el corazón de Londres. Había dejado el *tour* cansada, pero deseosa de más. Caminar por la abadía fue más emocionante que por el Paseo de la Fama de Hollywood. Ni las huellas de Bob Hope ni las de Charlie Chaplin podían compararse con estar de pie sobre la tumba de Darwin y Dickens.

—¿Dejaste tu bolsa en el baño otra vez? —Sarah se cubrió la boca con la mano mientras el enorme autobús se dirigió hacia el Big Ben.

—No... tengo que regresar a encender una vela por mi mamá. —He estado haciéndolo en cada templo que he visitado desde que tenía dieciséis años. Sarah sabía de los desórdenes temperamentales de mi madre y de nuestra abrupta relación y su enfermedad. Me había visto atrapada en el dolor y los delirios de mi mamá más de una vez y sabía cuánto me tomó liberarme de eso. La mayor parte de mi vida creí que pude amarla más; pero mi amor era un vendaje que casi siempre se despegaba.

La primera vez que encendí una vela por mamá fue en una excursión escolar a Santa Anne de Beaupré en Quebec, durante el duodécimo grado. Tras conducirnos a través de las gruesas puertas de cobre de la basílica del pueblo, la guía turística comenzó el recorrido señalando los ventanales de los vitrales, los que proyectaban estrellas multicolores en los bancos. Mis compañeros expresaban su asombro ante el espectáculo de luz exclamando: ¡Ooohh! y ¡ahhh!, pero mis ojos estaban clavados en ese par de columnas de la entrada que parecían torres. Estaban adornadas con muletas, bastones y aparatos terapéuticos. Había cientos apilados unos sobre otros; después que sanaban, las personas los depositaban ahí y se iban; cada uno de esos maltratados bastones para caminar era la prueba de un milagro. Pensé que si Dios podía ayudar a la gente a caminar, podría ayudarla a ser feliz. Gente como mi mamá.

—De veras, Sarah... He prendido velas y he orado por mamá en todo lugar al que alguna vez he viajado. Desde capillas de pueblos rurales hasta San Pedro en Roma. Incluso encendí una en aquel pesebre de la iglesia de Belén, ¿recuerdas que estuve allí en 1982?. —El estómago me gruñó lo suficientemente fuerte para oírlo por encima del tráfico londinense. Íbamos camino a una *tienda* para comprar pescado con papas fritas.

—Pues regresa. —Sarah se desplomó en la banca que estaba frente a la parada de autobús.

—Te espero aquí mismo —y le daba palmaditas a la banca como si fuera una de sus preciadas mascotas.

—Oh, no importa —murmuré—. Vayamos a comer. —Me senté junto a ella sobre el lugar al que le había dado palmaditas—. Ahora que pienso en todas esas iglesias y todas esas velas, tengo la sensación de que fue un desperdicio. —Miré hacia el cielo. El sol intentaba una vez más arrastrarse fuera del cielo cenizo que había cercado la ciudad desde que llegamos—. Quiero decir, ¿cuál es la diferencia, Sarah? Tú sabes que ella es...

Sarah me golpeó ligeramente el hombro con el suyo.

—¿Has pensado alguna vez cómo estaría ella si no lo hubieras hecho?

Sin cesar me acuerdo de ti en mis oraciones noche y día.

—2 Timoteo 1.3

Un mundo de diseñadores

Querida Deb:

Mi refugio era una cabaña veraniega de 1930 en el lago Rooney, Wisconsin. El año en que Patrick cumplió cinco, decidimos pasar un verano entero allí sin regresar a la ciudad. Yo estuve un poco nerviosa por tal aislamiento al final de un camino incierto, hasta que comencé a confiar en que el lago Rooney me mostraría que el miedo no tiene lugar en su cielo.

Tarde en la mañana, Patrick se encontraba de pie bajo un imponente pino blanco americano que sobresalía en la ribera del lago. Estaba parado tan cerca del tronco, que pensé que se haría amigo de otro insecto, como Henry, su arañita morena. Patrick estaba desolado porque Henry había escapado la semana anterior, después de que el niño retirara la tapa de su jarra para insectos a fin de compartirle con ella su pan con salchicha.

De pie frente a la ventana de la cocina, yo lo observaba mientras dilucidaba qué prepararía para el almuerzo. Canturreaba al compás de la canción que John Travolta cantaba a Olivia: «Eres la única que quiero». Michael había llegado un poco antes y había puesto la canción *Vaselina* una vez más.

Patrick retrocedió casi un metro del tronco, se puso las manos en las caderas y se inclinó de lado a lado como Jane Fonda en un video de ejercicios. Entrecerraba los ojos y enfocaba la mirada como si necesitara lentes. Pensé añadir a mi lista de cosas pendientes programar una cita con el pediatra para un examen visual cuando regresáramos a la ciudad, en septiembre. Cuando Patrick dejó de mecerse, inclinó la cabeza hacia atrás para ver el cielo, tan atrás, que se cayó.

Patrick se sacudió la ropa y se dirigió nuevamente hacia el tronco del árbol. Lo palpaba de arriba a abajo como un policía que registrara a un ladrón. Luego se recostó en el piso y acurrucó su cuerpecito alrededor de la base. El árbol era aun más viejo que nuestra cabaña de 1930. Se necesitarían dos o tres Patrick para rodearlo. A sus cinco años, tenía una conexión extraordinaria con la naturaleza. Tendía a cantarle al cielo, conversar con la tierra y recoger todo cuanto se moviera.

—Ma-máaa....ven aquí, afuera, ¡rápido! —me llamó.

—¿Qué, mi amor? Estoy preparando el almuerzo —le grité a través de la ventana.

Brincó como si lo hubiera picado una avispa.

—Ven aquí, mamá...¡tienes que venir ya!

Corrí hacia la puerta.

—¿Algo te picó? ¿Algo te mordió? —levanté su camiseta y le revisé la espalda.

—No, mamá —giró para estar frente a mí—. Nada me picó —sonrió ampliamente—, ¡pero descubrí algo!

Miré el suelo. Solo podía ver algunas hojas de pino secas y una ramita que tenía una piña reseca colgando en la punta.

—¿Qué encontraste?

—No en el suelo, mamá. Mira, mira este árbol —se estiró para tocar el tronco.

—¿Qué pasa con él? —el tronco era recto y alto, sus ramas empezaban a unos seis metros del piso. Observé un par de nudos, una región pelada en la que algún animalejo quizá habría mordisqueado un pedazo de la corteza, unas cuantas hormigas rojas que se arrastraban en derredor con objetos con forma como de huevo en la boca.

—Ahhh —dije—. Hormigas rojas. Espero que no piquen.

Patrick me miraba con desesperación.

—No, mamá, las hormigas no. Solo mira el árbol... el árbol completo —se recostó una vez más—. Ven aquí y acuéstate junto a mí. Te enseñaré cómo.

El suelo se sentía fresco a la sombra de aquel árbol gigante. Removí la tierra arenosa con el dedo gordo del pie para asegurarme de que no había algún insecto peligroso o algo picante que pudiera provocarme un salpullido. Me inquietaban las garrapatas. Me acosté cerca de Patrick, y cuando giré para mirarlo, su nariz casi tocó la mía. Unas cuantas pecas le marcaban la frente. Quise besarlo.

—Mira ese árbol, mamá... ahora mira el cielo, al mismo tiempo. Sí puedes hacerlo —señaló hacia arriba.

Desde esa perspectiva, el árbol parecía más alto que los rascacielos de la ciudad de Nueva York. No alcanzaba a ver la punta. El cielo estaba pintado con pinceladas de nubes, por entre los racimos de ramas brillaban destellos turquesas. Desee ser un águila que sobrevolara por encima para ver con esos ojos mi lago y la punta del árbol. Me pregunté si Dios tendría la misma vista de águila y sonreí ante tal pensamiento.

Patrick me apretó la mano y se apretujó más contra mí.

—Mamá —suspiró— ¿no te encanta cómo Dios ha decorado la Tierra?

Y vio Dios todo lo que había hecho, y he aquí que era
bueno en gran manera.

—Génesis 1.31

Suéltalo

...

Querida Deb:

El inventor de los columpios tuvo que haber sido Dios, porque cuando aprendí a balancearme me sentí como ¡la dueña del mundo! Esa plancha maltratada por la intemperie y suspendida entre dos cadenas oxidadas acunó mis esperanzas de alcanzar el cielo. Por algunos mágicos momentos podía rendirme a la velocidad del viento que me acariciaba el rostro: podía controlar cuán rápido y alto iría. Podía impulsarme y mantener los ojos abiertos para competir contra quien se estuviera columpiando junto a mí, o podía balancearme con los ojos cerrados e imaginar que viajaba a través de una nube.

Algunas veces observaba a otros niños columpiarse y llegar hasta la altura de la barra antes de soltarse hacia el gran vacío. Abrían los brazos extendidos como si fueran a tocar a alguien que los fuese a atrapar, pero lo único que la mayoría conseguía era una cara llena de tierra. Yo quería ser como ellos, soltarme y volar por algunos preciados minutos, pero a pesar de cuánto deseara soltarme, algo me decía que yo no era de las que saltaba. Tenía que controlar hacia dónde iba. Y necesitaba controlar dónde aterrizaría, lo que implicaba detenerme arrastrando los pies en la tierra, como siempre.

En mi vida, muchas veces he arrastrado los pies en la tierra y he perdido la oportunidad de sentir la libertad de soltarme. Me ha tomado años aprender que no tengo que tener el control. Afortunadamente, la fe ha sido una maestra paciente. La fe me ha enseñado que, no importa cuánto quiera controlar dónde aterrizaré, el control no me corresponde a mí. La fe me ha ayudado a aprender a soltar las cadenas y a abrir los brazos extendidos para abrazar la vida, cuando lo logro.

Estad, pues, firmes en la libertad con que Cristo nos hizo libres.

—Gálatas 5.1

Afortunada

Querida Deb:

Rara vez contesto el teléfono si suena a la hora de la cena porque usualmente se trata de alguien que quiere regalarme un crucero a las Bahamas o cotizarme el recubrimiento de aluminio para los muros. Sin embargo, hace algunas semanas, después del cuarto timbrazo, algo me dijo que dejara de picar cebollas y contestara el teléfono. Era mi prima Geri. Nos vemos solo durante las vacaciones, cuando me visita y pernocta aquí. Me encantan sus visitas porque terminamos gritando y riendo por reliquias de la niñez. Geri era la niña más atrevida que conocía. Me enseñó todo lo que yo sabía acerca del sexo, me dijo cómo escabullirme en el cine y enfrentarme a los adultos cuando eran injustos con los niños o los animales. Todavía defiende a los desfavorecidos.

—Hola, Margie —suspiró—. Soy yo —un suspiró aun más hondo me preparó para las malas noticias—. Tenía que llamarte para contarte acerca de Lucky —y comenzó a sollozar.

Lucky era su escuálido gato negro que apareció en su patio trasero cuatro años atrás. Maulló y maulló varios días hasta que Geri lo alimentó. Le dejó comida y agua durante semanas y lo observaba detrás de la puerta cerrada hasta que dejó de huir ante la llegada de ella. Le tomó fotos y las puso en carteles en el vecindario por si su dueño las veía, aunque sus huesos protuberantes indicaban que estaba solo, como ella.

«No quiero que la gente piense que soy una de esas raras solteronas que alimentan a los gatos del vecindario», decía.

Resultó que Lucky era del vecindario, pero una familia que se mudó fuera de la ciudad lo había abandonado meses atrás. Fue por eso que Geri lo llamó Lucky es decir, «afortunado», en inglés.

Geri lo acogió en su casa y lo amó; y después de cuatro años Lucky sufrió una apoplejía a media noche. El veterinario no tenía una explicación científica. Dijo que simplemente a veces algo pasaba con los animales callejeros. La ley natural. Geri estaba convencida de que se debía a que Lucky nunca se había recuperado por haber sido abandonado por su amada familia, ya que tenía cicatrices permanentes causadas por el frío invierno que tuvo que vivir solo.

Recuerdo la primera vez que lo vio y dijo que no quería conservarlo.

«Los animales te hacen amarlos; luego mueren y te rompen el corazón», decía.

Pese a lo que causó la apoplejía de Lucky, creo que es verdad que algunos animales escogen a sus amos. Lucky ayudó a Geri a recordar que siempre vale la pena arriesgarse a amar. Creo que la eligió a ella porque sabía que tenía un corazón muy valioso, sensible.

Bienaventurados los de limpio corazón.
—Mateo 5.8

La dulzura de los
limones

Querida Deb:

Mamá es mejor cocinera que la de la famosa marca Betty Crocker. Una fría mañana escarchada me despertó el aroma del limón, su dulzura permeaba mi habitación como si alguien hubiera embotellado esa esencia y la hubiera rociado sobre mi cama.

Bajé las escaleras de puntas y me detuve en el rellano. El silencio invadía nuestra casa en las mañanas en que mis hermanas más pequeñas dormían hasta más tarde que yo. Cada vez que yo presentía su presencia, me detenía, con la esperanza de hacerme su amiga, pero nunca permanecía lo suficiente como para que yo llegara a conocerle. Se trataba de un silencio diferente al que nos despierta a media noche. Aunque sintiera junto a mí la tibieza de mi hermana Barbie en la cama que compartíamos, el silencio nocturno me hacía sentir sola en la oscuridad, a pesar de dónde viviéramos.

Cuando llegué a la cocina, el piso de madera crujía bajo mis pies y el aire se sentía tan meloso como las galletas dulces. Tres platones con bases doradas para *tartaletas* estaban alineados sobre unas rejillas de metal en el mostrador de la cocina. Sobre la mesa espolvoreada de harina, había restos de masa en pequeñas porciones que esperaban ser transformadas en panecillos en forma de medialuna; un tesoro que no tendría que compartir con mis hermanas si trabajaba con rapidez.

—¿Te puedo ayudar, mamá? —dije abrazando el quicio de la puerta. Llevaba mi camisón lila que tenía gruesas orillas de encaje de holán que me sobresalían como una crinolina sobre mis piernas raquíticas.

Mi mamá se volteó para mirarme mientras revolvía el relleno de limón que burbujeaba sobre la estufa. Tenía las huellas de dos dedos de harina impresas en la mejilla.

—¿Por qué no tomas una bandeja de galletas y preparas algunas con mermelada de frambuesa para ti y tus hermanas? —dijo sonriente. Levantó una taza medidora de vidrio hasta el nivel de los ojos para asegurarse de que era la cantidad exacta de azúcar.

—La señora Wentworth tiene que hacerse algunos exámenes en el hospital, así que pensé en hacer una *tartaleta* de limón. Es su preferida — le brillaban los ojos, su nuevo corte de cabello se acomodaba todo reluciente y rizado. Llevaba su lápiz labial favorito, *Desire*. Mamá decía que el lápiz labial adecuado era la clave de la verdadera belleza, y que una mujer inteligente usa siempre el color correcto.

Mamá horneaba galletas y *tartaletas* con frecuencia para los vecinos y familiares de la iglesia que estaban enfermos o habían perdido el trabajo.

«Siempre hay alguien que tiene menos que nosotros y que necesita ayuda. No lo olvides nunca. No importa qué tan mal creas que te va, a alguien por ahí le va peor que a ti». Mamá repetía esas mismas palabras cada vez que caminábamos hacia donde nuestros vecinos, aunque a mí me cansaba el peso de su generosidad porque yo cargaba en los brazos su buena voluntad horneada en casa. Las palabras sabias que despachaba cada vez que horneaba un pastel eran lo más cercano al afecto que ella podía ofrecer. Las ingerí y las escribí en mi corazón para hacer uso de ellas toda mi vida.

El sabio de corazón es llamado prudente.

—Proverbios 16.21

Dios se voló la barda

Querida Deb:

Cuando pasábamos los veranos en el norte de Ontario con mi abuelita, el domingo no era mi día preferido. Mis hermanas y yo teníamos que desprendernos de nuestros trajes de baño y nuestras sandalias, cambiarlos por sombreros y vestidos, y conducir ocho kilómetros de angostos caminos serpenteantes hasta la Iglesia Católica de St. Anne, en Mactier. Cada domingo discutíamos en cuanto a quién se iría junto a la ventana y qué hombros sudorosos toparían unos contra otros antes de apilarnos en el asiento trasero del descolorido Chevy azul de la abuelita. Nos sentábamos en un silencio pétreo mientras la abuela escuchaba el programa radial La *hora de la decisión*, de Billy Graham. Ella frenaba bruscamente en cada hoyo del viejo camino y revolucionaba el motor en cada pendiente. Ir rebotando en el asiento trasero después de ayunar por doce horas para la Santa Cena era una tortura.

Una brumosa mañana dominical, yo estaba en la cama doblada por los espasmos estomacales.

—No me puedo levantar —gemí mientras mi mamá ayudaba a mi hermana Donna a abotonarse el vestido—. Volveré a vomitar en el coche de la abuelita si me obligan a ir, mamá —, y halé la sábana de algodón para cubrirme la cabeza.

Mamá puso la mano sobre mi frente.

—Bueno pues, sí te sientes sudorosa, quizá deberías quedarte en cama y dormirte otra vez —y me envolvió apretadamente con las cobijas, como una camisa de fuerza—. No debes dejar la cabaña bajo ninguna circunstancia. La tía Nell y el tío Bill están en la casa de al lado, pero aún duermen. No los molestes a menos que sea una emergencia.

En cuanto el coche de la abuelita dejó la entrada de grava, conté hasta cien y salté de la cama. Me quité el pijama, me puse unos pantalones cortos y me deslicé dentro de mis nuevas sandalias de color aguamarina.

La puerta con mosquitero rechinó fuertemente, como un pavo real, cuando se abrió raspando el umbral hinchado por una semana de lluvia. Eso provocó una ráfaga mientras se cerraba detrás de mí, en su ansia por azotarse contra el portillo. Apenas tuve tiempo de lanzarme a atraparla antes de que se cerrara de un golpazo. No me atrevía a despertar a nadie.

Salí a la terraza con piso de granito que corría a lo largo de la cabaña, ancha como un porche. La roca tenía muescas de listones de carbón y había sido espolvoreada con chispas plateadas que relucían brillantes como esquirlas de diamante bajo el sol. Parpadeé para enfocar los ojos y me concentré en el columpio que colgaba de dos sogas de la colosal rama del roble frente a mí. El columpio era el único lugar hacia el norte en que podía estar sola. El asiento era una sola plancha de madera con un hueco en el centro tan liso como un vidrio, las cuerdas eran tan largas que podía impulsarme lo suficientemente alto como para tocar las hojas de una rama con los dedos de los pies descalzos. Yo encajaba en ese hueco como si fuera parte de mí, una parte que añoraba cuando regresamos a la ciudad.

Pero pude columpiarme en todo momento. ¡Hoy iba a ser el primer día en que podría caminar sola todo el sendero hasta el lago!

El sendero era un camino de poco más de un metro de ancho que doblaba por detrás de la cabaña y se internaba unos cien

metros a través de un bosque espeso. Los árboles que se alineaban a cado lado eran tan altos que intentar ver la copa lastimaba
el cuello, el bosque era tan espeso y silvestre que incluso en los
días más brillantes de verano, el camino estaba asediado de som-
bras oscuras.

Había reglas para caminar por el sendero si lo recorrías sola.

La primera regla era llevar una rama para mover con fuerza los arbustos, a fin de espantar a los animales salvajes.
Compartíamos nuestro bosque con linces, osos negros y lobos.
Cuando la abuelita caminaba por el sendero sola, podíamos
escucharla descendiendo todo el camino hasta el lago. Ella
empuñaba su rama como si fuera un machete, golpeaba con
fuerza el tronco de los árboles y la maleza como si estuviera
abriendo un camino a través de la jungla. Golpeaba y canturreaba las palabras de una canción escocesa llamada «The
Bonnie Banks of Loch Lomond», hasta que llegaba al muelle
que estaba al final del sendero.

El tío Bill decía que ella no necesitaba la rama.

La otra regla para caminar por el sendero era la misma que
cruzar por una calle concurrida.

Camina, no corras.

Las nudosas raíces de árbol que sobresalían cual resortes a
través de la suave tierra estaban tan hambrientas de una presa
como si fueran telarañas recién tejidas. Nunca había recorrido el
sendero yo sola porque mamá tenía su propia regla: *nunca des-
ciendas el sendero sola.*

Antes de dirigirme hacia abajo, hice una pausa para inspec-
cionar que no hubiera ningún animal rastrero sobre el camino.
Como nada se movía, di unos cuantos pasos tentativos, mirando
de un lado a otro, y luego me detuve.

El bosque parecía vivo, como si hubiese entrado a un auditorio a la mitad de un concierto oí el tamborileo de un pájaro car-
pintero encima de mí, un cuervo estridente y el batir de unas
alas, el rugido de un motor fuera de borda abajo en el lago. Cerré

los ojos para absorber esa sinfonía de exteriores y me sorprendí al hallar algo en medio de todo aquello.

El silencio.

Yacía entre el gorjeo y el crujir de las hojas. ¿Acaso se trataba del mismo silencio que me acompañaba cuando me impulsaba a lo alto del cielo en un columpio? ¿Era el mismo que me abrazaba cuando la luz del alba me despertaba a mí más temprano que a mis hermanas? Cerré los ojos con fuerza y me concentré en bloquear todo lo que me rodeaba, esforzándome por escucharlo, por *conocerlo*.

Y entonces lo escuché otra vez.

No lo escuché con los oídos. Lo oí dentro de mí, como si fuera mi propia voz interna, la que me recordaba probar el biberón de mi hermana bebé en mi puño antes de alimentarla. Pero no era mi voz porque no me hablaba como yo.

Quizá nadie venga contigo, pero aquí no estás sola.

Cuando abrí los ojos, el camino me incitó a seguir y el silencio murmuró una vez más.

Vuela.

Extendí los brazos como un aeroplano e hilvané mis pasos en el sendero mientras las sandalias me golpeaban las plantas de los pies. Salté encima de raíces, hoyos y grietas, con ojos tan agudos como los de Superman. Golpeé la rama que tenía mis iniciales talladas y me lastimé, pero no me importó. ¡Eso era mejor que impulsarse en el columpio!

Habría recorrido todo el sendero hasta el muelle si no hubiese oído el eco de una rama romperse en mi camino.

Lo primero que pensé fue que se trataba del cerdo salvaje del tío Bill. Pocas semanas atrás, escuchamos gruñidos y chillidos desde el sendero cuando descendíamos al lago para pescar después del trabajo. Me detuve y busqué una rama más grande que pudiera llevar, con la esperanza de que fuera más fuerte que mi corazón, que me saltaba bajo las costillas. Hallé una rama rota, del tamaño de un bate de béisbol, pero cuando lo azoté contra un árbol para probarlo, estalló en pedazos, y me quedé sosteniendo un bastón hueco.

Otra rama se quebró, más cerca.

Quise convencerme de que era una ardilla o un zorro, pero no podía persuadir al martilleo de mi corazón. Concluí que solo algo suficientemente grande como para comerme podría causar un ruido tan fuerte. Contuve la respiración y traté de recordar todo cuanto había aprendido acerca de enfrentar a un animal más grande que una ardilla. *¿Mirarlo a los ojos, o acostarse y fingir estar muerta? ¿Trepar al árbol más cercano? ¿Gritar? ¿Correr?*

Gritar y correr parecían mi mejor opción, pero estaba a mitad del camino. *¿Corro colina abajo hacia el lago para estar sola en el muelle o colina arriba para regresar a la seguridad de la casa?* Algo me dijo que permaneciera quieta como una roca. Me dolían los ojos en mi esfuerzo por vigilar el bosque que me rodeaba.

Entonces lo vi.

No era el cerdo salvaje de tío Bill.

Era tío Bill.

Hacía ruido en su camino a través del espeso bosque, unos cuantos metros arriba de la ribera, y el azul de su camisa sobre la espalda era el único color que sobresalía del follaje y la maleza. *¿A dónde va tan temprano un domingo, su día de descanso? ¿Por qué se adentra en el bosque?* Solo había una manera de averiguar a dónde iba, no importaba qué tan difícil resultara con mis nuevas sandalias color turquesa.

Lo seguí.

Mantuve mi distancia y perseguí a tío Bill por media hora mientras rodeaba enormes rocas salientes y escalaba árboles caídos. Cuando se inclinó para recoger algo, me agazapé tras el tronco de un pino blanco, tan rápidamente que me raspé la mejilla con la corteza.

—Ya puedes salir, chica —sentenció con su acento escocés, más marcado que el de abuela.

Salí de detrás del árbol y me vi los pies. Las sandalias estaban manchadas de pedazos de musgo. Dos hojas de pino secas y afiladas se me habían atorado en la punta del pie.

—¿A dónde vas? —pregunté de manera muy casual, como si hubiese estado caminando rumbo a su carro y no internándose en el bosque.

Se rascó la cabeza y se aplacó el rebelde bigote con el pulgar y el índice.

—Lo verás, pequeña Margie —giró los anchos hombros y continuó su caminata.

—Cuidado por donde caminas, mi pollita. Sígueme.

Con trabajo le seguí el paso. Navegaba en el bosque como un venado aunque tenía más de sesenta años y no era mucho más alto que abuelita. El tío Bill era un escocés fornido y tan fuerte, que me parecía que podría nadar el océano Atlántico. Cuando bombardearon su barco en el Canal de la Mancha, durante la Segunda Guerra Mundial, nadó por veinte horas mientras la sangre le corría por las heridas producidas por la bomba. Lo encontraron dos días después en las costas de Francia, no podía recordar cómo había llegado allí.

El tío Bill se detuvo en un paraje y se volteó para sonreírme. Yo trataba de pensar con rapidez, en caso de que me preguntara por qué no estaba en una banca de la iglesia St. Anne sudando con mi abuelita y mis hermanas.

—Aquí estamos ya, amor —se puso un dedo sobre los labios para que me callara mientras recorría el perímetro de un pequeño claro. Me detuve para observar en derredor. Montículos de trilios cobijaban el área con sus lustrosas hojas verde oscuro, una cobija que sería blanca como la nieve cuando florecieran, como cada mayo. El suelo era esponjoso por las capas de hojas caídas, agujas de pino y musgo. El tío Bill estaba de pie frente a un gigantesco pino caído, ennegrecido por los años de estar pudriéndose en ese sombrío lugar sin árboles. Miró hacia arriba y yo seguí sus ojos. El cielo estaba tan poblado de árboles que no pude ver ni siquiera un destello de luz solar hasta que la brisa levantó el follaje y el cielo oscuro se transformó en un millón de luces en miniatura que brillaban a través de los árboles.

Me acomodé sobre el pino caído. Cuando me senté encima de él estaba tan alto, que los pies no me llegaban al suelo.

—¿Por qué vienes aquí, tío Bill? —al respirar yo podía sentir en la lengua un aroma dulce y terroso, que se sentía como menta.

—Este es mi templo, pequeña Margie —dijo arreglándose nuevamente el bigote. Era su condecoración de guerra, se lo dejaba crecer en honor a sus compañeros muertos.

—Vengo aquí cada domingo mientras la tía Nell duerme un poco y todos los demás están fuera, en Mactier —lo pronunció como dos palabras. Mack Teer.

—¿Tú hiciste esto, tío Bill? ¿Tú cortaste el árbol? —pregunté dando palmaditas a la corteza hueca. Volví a mirar. Dos olmos habían crecido a cada lado de la entrada del paraje, en ángulo, a mayor altura más cercanas se encontraban sus puntas, hasta abrazarse en dirección al cielo. Parecían sostenerse uno al otro, formando un arco perfecto sobre ese leño caído. Un campanario.

—Oh, no —sonrió— Yo no los hice, mi pollita. —Miró hacia el arco de olmos—. ¡Lo hizo Dios! —y extendió los brazos—. Dios me dio mi propio templo —hizo una reverencia profunda, como un caballero frente el rey Arturo—. Pero es un secreto, Margie. Debes prometer no decirlo nunca a nadie. A tu abuelita y a tu tía Nell les gusta creer que yo soy un hereje —me guiñó el ojo y buscó en el bolsillo de la camisa un cigarro, marca Sweet Caps, su marca favorita—. Y ahora vámonos, chica. Es hora de que regreses a tu cama pequeña —se volvió y señaló por encima de mi cabeza—. El sendero está detrás de ti, sobre esa colina. Te hice dar un rodeo.

Juré guardar el secreto de tío Bill hasta mi último aliento. Me encaminé con mis sandalias hacia la colina sin mirar atrás y aceleré el paso a medida que el bosque se hacía menos espeso. Sentía ese aleteo en el estómago, al principio creía que tenía hambre, hasta que comencé a reír a carcajadas. Por alguna razón, pensar en Dios *fuera* del templo me daba risa. Siempre había pensado en él únicamente adentro. Adentro del templo, en donde se le encontraba pintado en las paredes, rodeado de ángeles celestiales con largas y fluidas melenas. Pero si Dios hizo un templo en el bosque para tío Bill, quería decir que podía estar en cualquier parte.

Cuando llegué a la orilla del bosque, disminuí la velocidad y mantuve los ojos alerta ante cualquier rozadura de hiedras venenosas y enredos con ramas de parra. Mis pies estaban tan resbaladizos que se me deslizaban fuera de mis sandalias, al punto que aterrizaron en una sección de helechos que me empaparon de dulce rocío, y no pude contenerme más. Reí todo el camino de regreso a la cabaña, lo suficientemente fuerte como para que Dios me oyera.

Entonces todos los árboles del bosque rebosarán de
contento delante de Jehová
—Salmos 96.12–13

Ojos de pescado

Querida Deb:

En la tranquilidad de la mañana, el lago Rooney reflejaba la irregular ribera y las nubes esponjadas que salpicaban el cielo. Las únicas ondas que perturbaban su superficie vítrea eran unos cuantos anillos ondulantes que algún pez dejaba tras de sí en su cauteloso ascenso desde las profundidades para atrapar insectos desafortunados.

Michael y yo habíamos estado buscando tesoros buceando por una hora. Hasta ese momento, habíamos hallado una lata oxidada de cerveza Leinenkugel, un par de gafas protectoras de buceo de color rosa con una cinta rota y dos gusanos de plástico verde fosforescente en unos ganchos. Michael nadaba junto a mí, la punta de su tubo de buceo anaranjado cortaba una pequeña estela en el lago tranquilo. La cabeza se le balanceaba de atrás hacia delante mientras buscaba más riquezas en el fondo. Su cabello grueso y bien cortado parecía como unas alitas planas bajo el agua. Yo observaba sus gráciles movimientos y su manera de propulsarse hacia delante con patadas fuertes y controladas.

«¿Qué?», me encogí de hombros. Solo podía ver algunas piedras cubiertas de lama. «¿Eso?», señalé una pequeña pila de ramitas blanqueadas como la nieve, restos de árboles que quizá algún castor dejó después de cenarse la corteza. Michael negó con la cabeza. Agitaba la mano contra el pecho, nuestra señal submarina para decir «Sígueme». Buceó hasta el fondo arenoso y se acostó boca arriba; me instaba a seguirlo.

Detestaba bucear al fondo del lago con el tubo en la boca. Siempre olvidaba si debía exhalar el aire o respirarlo, cuando lo intentaba terminaba ahogándome con exceso de agua en el pulmón. Negué con la cabeza, pero Michael insistía. Seguía agitando la mano para que bajara, y empezaba a preocuparme que se quedara sin aire si no le obedecía. A sus diez años, podía nadar como un pez pero seguramente no podía respirar como tal. Me arranqué el tubo de la boca, inhalé tanto aire como pude y contuve la respiración. Michael me tomó del codo para anclarme en el fondo del lago.

«Mira», apuntó hacia el cielo. Miré el cielo a través de un metro de agua. Era el mismo cielo, pero diferente. Parecía más cercano, de alguna forma lucía más alcanzable. El azul era más nítido, pero al mismo tiempo, más delicado. El sol aparentaba jugarme bromas al rebotar su luz de la punta de un árbol a otra. La orilla de la ribera se desdibujaba en el lago y este se desdibujaba borroso en la tierra. Me sentí como si estuviera en el interior de una pintura. Michael observaba cómo tomaba yo esa nueva perspectiva. Sonrió y asintió, me mostró los pulgares hacia arriba poco antes de saltar hacia la superficie.

«Genial, ¿no mami?», se quitó las gafas protectoras y se las dejó atadas en la frente. «¿A poco el mundo no parece como un loco sueño desde debajo del agua? Como que te hace sentir más seguro porque eres parte del todo, ¿no lo crees?» se adelantó buceando y regresó al muelle a fuertes brazadas.

Había abierto los ojos bajo el agua muchas veces en mi vida, pero siempre vi lo que había *en* el agua, a mi alrededor o en el fondo, por si había algo que pudiera picarme. Nunca había pensado en mirar hacia arriba.

Esa noche soñé que caminaba a lo largo de una playa en una isla tropical. Cuando me detuve para ver la espuma que se formaba a mis pies, vi una moneda de oro que sobresalía de entre la arena. No podía creer que fuera tan afortunada... ¡monedas de oro! Miré la playa, con la esperanza de hallar a alguien a quien decirle: «¡Mira lo que encontré! Mira... ¡monedas de oro!». Pero estaba sola. El sol brillaba en el cielo sin nubes. Frente a mí y detrás de mí, solo podía ver kilómetros y kilómetros de mar turquesa que abrazaban la nevada arena como si un artista hubiera pintado dos líneas paralelas sin principio ni fin.

Alumbrando los ojos de vuestro entendimiento
—Efesios 1.18

Hojas de té

Querida Deb:

—¡Oye, no te has vestido! —mi amiga Sarah se dirigía al refrigerador a buscar un vaso de agua, como cada mañana. Tres veces por semana, después de que nuestros hijos abordaran el autobús escolar, nos encontrábamos en mi casa para hacer una caminata a lo largo de Luce Line, una vieja vía férrea convertida en sendero para caminar. Esa mañana, reinaba un lío. Nos habíamos quedado dormidos, Patrick no podía hallar su mochila y los dos niños casi pierden el autobús. Además, David, que normalmente partía mucho antes que ellos, se quedó para hablar conmigo acerca de algo importante. Cuando Sarah entró, yo todavía llevaba mi pijama y estaba pegada a la silla de la cocina, no me había movido desde que me él me dio la noticia.

—¿Caminamos hoy? —Sarah me miraba por encima de su vaso. Sus ojos azul pálido se agrandaron mientras esperaban mi respuesta. Supe que había notado que algo no estaba bien, pero que esperaría lo que fuera necesario.

—David acaba de pedirme el divorcio —exploté. Sentía los labios tan rígidos, me sorprendí de que la boca me funcionara. No podía creer que escuchaba mi propia voz pronunciando esas palabras. Me sentía drogada. Estiré las piernas para asegurarme de que eran las mías y las vi en mi pijama. Eran rojo cereza, estaban salpicadas con corazones de un rosado brillante, y vi que combinaban con lo que llevaba puesto en la parte superior, así que tenían que ser mías, pero cuando intenté mover los dedos de los pies, los sentí tan entumecidos como mis labios.

—Sí, claro... y yo acabo de ingresar al concurso de belleza Señorita América —Sarah sacudió el agua del vaso y lo puso en el lavadero—. *Bromeas, ¿no?*

Miré el patio a través de la ventana, allí todo parecía normal. El sol de principios del otoño bañaba mis geranios tipo reina persa, que reposaban en la mesa de picnic en el centro del patio de piedra. Normal. Una ardilla gorda de cola arbórea se deslizó en un agujero del arce que flanqueaba el fuerte de juguete de los niños. Y el perro de raza shi-tzu de mi vecino ladrada al abeto, como cada mañana.

Todo normal.

Por un momento, pensé que lo había soñado.

—Él no hizo eso. Estás bromeando —dijo Sarah espantando el aire como si fuera temporada de mosquitos—. Ustedes son una pareja divertida. Tienen una vida perfecta... ¡vamos, Margaret, ya basta!

Sujeté mis rodillas contra mi pecho y apoyé la barbilla en ellas, con la esperanza de que si me apretaba suficientemente fuerte, podría desaparecer.

—¡Margaret.... háblame! —Sarah tomó otro vaso y me sirvió un poco de agua. Lo dejó en la mesa y se agachó junto a mí. La mesa estaba llena de los desechos de una mañana normal: un anuncio roto del carnaval de la escuela, un calcetín sudado de Patrick con un hoyo en el talón, el juego de video de Michael y una caja de cereal. Cogí una vitamina *B* azucarada y me la metí a la boca.

Pensé que tenía una vida perfecta. Me casé con un estadounidense guapo y exitoso, y me mudé a un quieto suburbio del medio oeste, en donde los vecinos compartían platillos calientes y niñeras. Tenía dos brillantes y hermosos hijos que retozaban en las calles de nuestro seguro vecindario.

—¿Se pelearon? —Sarah extendió el brazo para hacer a un lado el desorden de la mesa.

Negué con la cabeza.

—No, no hubo pelea. Anoche salimos a cenar con unos amigos. No lo entiendo... De verdad, no lo entiendo, Sarah —fijé la mirada en mi regazo y en una mancha marrón de uno de los corazones rosados de mi pijama. ¿Cómo iba a saber que esto pasaría? Nuestro matrimonio no era perfecto pero ¿quién tiene uno así? Además, recién pasamos un largo fin de semana en la cabaña para celebrar nuestro aniversario número catorce. Comenzaba octubre, pero hacía un tiempo suficientemente tibio como para nadar desnudos otra vez, carcajeándonos cada vez que nos escabullíamos en el lago *a lo natural*. Casi nos ahogamos al reír cuando un pescador nos sorprendió desde su piragua de fibra de vidrio. Ese fin de semana, jugamos naipes, cenamos juntos a la luz de las velas en el muelle y leímos cada noche frente a la chimenea. ¿Cómo iba a creer que ya no me amaba? ¿Cómo iba a creer que quería el divorcio?

»No, no estoy bromeando, Sara. Él terminó de comerse su cereal y puso su tazón en la cocina mientras yo me preparaba un huevo. Dijo que tenía algo que decirme, así que apagué la estufa y me senté exactamente aquí.

Sara se puso de pie y se cubrió la boca con la mano. Sus ojos lucían como si acabara de ver a un ladrón de bolsas derribar a una anciana al suelo.

—Dijo: «Ya no quiero estar casado contigo» —lo escupí en un solo golpe, temerosa de que las palabras pudieran ahogarme—. También dijo que se lo diría a los niños hoy después de la escuela, y que partiría esta noche —sentí como si estuviera respirando por una pajilla.

—Qué locura, quizá es algo tipo crisis de la edad madura. Quizá solo necesite comprar un carro deportivo o algo. —Se desplomó en la silla y se cruzó de brazos como si hubiera resuelto un acertijo.

Sentía vibraciones en todo el cuerpo. No me sentía así desde el día en que ingerí demasiadas pastillas para adelgazar, en los setenta.

—Mírame... soy la protagonista de una de esas películas en las que la esposa es la última en enterarse. Simplemente no puedo creerlo. —Me mesé los cabellos y me los halé fuertemente con los puños.

Sarah se interpuso por encima de la mesa y suavemente me apartó los brazos de la cabeza.

—Destesto que te esté pasando esto.

La aparté con brusquedad.

—No puedo creer que me esté pasando a mí. No lo *voy* a creer. Simplemente no lo creeré... no lo creeré... ¡Debe haber algo que yo pueda hacer!

Me levanté de un brinco y empecé a caminar.

—Quizá tuvo demencia momentánea... o quizá *yo* la sufrí... Sí, eso debe ser. Me estoy perdiendo, como mi mamá... —Ese siempre fue uno de mis grandes temores. Que de alguna manera yo lo «contrajera», que terminara confundida y perdida en mi propia mente con una enfermedad para la cual no hay cura. Me sostuve en el mostrador de la cocina y miré a Sarah de frente, con la esperanza de sentirme más sana—. Quizá mi mente tuvo una de esas extrañas cosas sinápticas, en las que se piensa que algo está sucediendo pero en realidad no es cierto. O a lo mejor se trata de algo que vi en la tele o que leí en un libro y que le ocurrió a alguien más, sabes que esas cosas pasan, como paramnesia. O tal vez, solo tal vez, escuché mal. Esperaba que fuera así. Que hubiera escuchado mal. Me persigné con un gran movimiento envolvente y miré hacia el cielo. Pero nunca se me ocurrió pedir ayuda a Dios. Era como un pariente lejano en quien pensaba solo en Navidad.

Sarah se levantó y me puso las manos en los hombros.

—A lo mejor deberías llamarlo a su trabajo. ¿Qué tal si lo escuchaste mal, Margaret? Solo llámalo y verás. Nada de esto tiene sentido.

Cuando su secretaria me comunicó, sentí como si estuviera de pie al borde de un abismo, balanceándome en el vacío. Me aferré al teléfono por un poco de vida y rogué al viento que soplara en la dirección correcta.

Contestó como siempre, con esa voz profunda y confiada de la que me había enamorado quince años atrás. Sonaba como si nada hubiese cambiado... como si no acabara de pedirme el divorcio. *¡Yo debí haber escuchado mal! ¿Cómo podría sonar tan normal si hubiese sido en serio?*

—Hola. Soy yo —conseguí decir de manera chillante, tratando de lucir tan confiada como él.

Él no contestó.

—¿Hola?... ¿Hola?... Mmm, ¿cariño? ¿Estás ahí? —yo estaba temblando. El vacío al otro lado de la línea sonaba tan hueco que pensé que había colgado—. ¿Podemos hablar un minuto sobre lo que dijiste esta mañana? ¿Era en serio? ¿Me estás diciendo que de verdad quieres el divorcio? ¿Puedes regresar a casa para que hablemos de esto?... No puede ser en serio...

Sarah se inclinó sobre el mostrador de la cocina, observándome. Me sonrió y levantó ambas manos con los pulgares hacia arriba.

Él se limpió la garganta.

—Nunca he sido más serio en mi vida: terminamos. He dicho.

—¿Qué quieres decir? ¿Por qué? ¿Cómo? ¿Cómo pudimos haber terminado? Apenas pasamos nuestro aniversario. ¿Y la cabaña? —No reconocía la voz caricaturesca que salía de mí hasta que escuché el tono del teléfono y me di cuenta de que estaba hablando sola. Colgué el teléfono y me recosté en el mostrador de la cocina junto a Sarah. Tomé mi tazón de cereal con las dos manos. La porcelana blanca estaba fría como el hielo. Cerré los ojos y traté de concentrarme y de dejar de temblar. *No puede estar pasando esto. No puede estar pasando esto...* Sentí como si estuviera en uno de esos juegos mecánicos de carnaval en el que el suelo se te desaparece y no puedes hacer nada para impedirlo mientras todo gira más y más rápidamente en torno a ti. Quería aventar ese bol. Arrojarlo y azotarlo en mil pedazos en el suelo de madera... huir y dejar que alguien más limpiara el desorden... Deseé que la casa se derrumbara sobre mí para terminar en el otro mundo.

Pero cuando abrí los ojos, aún sostenía el tazón en las manos. Lo moví en círculos para enjuagar los restos de cereal con la leche, con la esperanza de poder leerlos como si fueran hojas de té, pero lo único que podía ver era: *Ya no quiero estar casado contigo.*

Cercano está Jehová a los quebrantados de corazón.
—Salmos 34.18

La coronación de María

Querida Deb:

Tenía trece años cuando presencié un milagro por primera vez. Trepada en la primera fila del balcón del coro, muy por encima del santuario de la Iglesia del Sagrado Corazón, mis ojos permanecían fijos en la hermana Ignatius, que estaba frente a mí. La hermana movía su batuta como si estuviera dirigiendo al coro del Tabernáculo Mormón y no a veinte estudiantes. Tuve que esquivar la pesada manga de su hábito negro porque casi me abofetea al dar instrucciones a la sección de sopranos.

La iglesia estaba completamente llena. Todo el mundo había ido a celebrar la Coronación de la Virgen, la ceremonia anual en honor a la Bienaventurada Virgen María, que sembraba en los corazones la promesa de la primavera. Desde mi asiento muy por encima de las bancas abarrotadas, sentí la frescura del aire primaveral perfumado con esencia de lilas. Vi todas las cabezas voltear y enfocar su atención en mi hermana Barbie, que había sido elegida para colocar la corona en la estatua de María. Parecía resistirse como una novia niña mientras se movía poco a poco pasillo abajo con su fluido vestido blanco que le arrastraba. La corona de flores que acunaba en sus manos temblaba con cada pasito que daba al avanzar hacia el altar.

querida amiga

«Ofrezcan flores a la más justa, traigan flores a la única», cantaba el coro mientras Barbie se acercaba a la alta escultura de María que se erguía en el centro del altar. Dudó cuando alcanzó los escalones de madera, que estaban flojos y que se ubicaban a los pies de María. El coro cantaba el estribillo: *«Oh María, te coronamos con flores hoy, reina de los ángeles, reina de mayo...»*. Barbie subió los tres escalones, estiró las dos manos sujetando firmemente la corona a cada lado, y trató de colocarla sobre la cabeza de María.

Le faltaban aproximadamente diez centímetros para alcanzar a María. Intentó una vez más. Estirándose, estirándose hacia arriba sobre las puntas de sus pies. Pero la corona de flores solo rozaba los labios de María. Dejé de cantar y contuve el aliento. La hermana Ignatius lucía como si un ratón se le trepara por el hábito. Le leí los labios «Sigue cantando».

«Oh María, te coronamos con flores hoy».

Barbie lo intentó una vez más pero aún no estaba lo suficientemente cerca como para alcanzar la cabeza de María. Busqué a mi padre en la multitud y oré porque se aprestara a ayudarla. Oré para que se parara en el mismo escalón con ella y la levantara suficiente para que coronara a María. Apreté los ojos cerrados y seguí orando por un rato mientras el coro cantaba el estribillo una y otra vez. *«Oh, María, te coronamos con flores hoy...»*. Algunas de las chicas hacían hincapié en el hoooy.

Cuando abrí los ojos, Barbie hacía descendido un escalón y permanecía de pie mirando a la multitud con la corona en las manos por un rato que pareció una hora. Estaba segura de que podía sentir cientos de ojos en la espalda.

Fue en ese momento que ocurrió el milagro.

Barbie alzó la barbilla, miró a María, y se dijo algo a sí misma antes de caminar a lo alto de la escalera otra vez. Besó la corona de flores, la iglesia exclamó sorprendida cuando ella extendió los brazos hacia arriba como si fuera a saltar para colgarse de la rama de un árbol. Los ojos de todos seguían clavados en ella cuando descendió los inestables escalones con una pirueta. Cuando se deslizó a la banca de enfrente y se sentó, la iglesia entera suspiró con alivio. La pequeña corona de flores entrelazadas con lilas y encaje de novia brillaba reluciente como una aureola sobre la cabeza de María.

En la recepción que hubo después de la ceremonia, los niños rodearon a Barbie, le lanzaron preguntas como si fueran reporteros después de un desastre. «¿Cómo había llegado la corona a la cabeza de María? ¿De verdad saltaste? ¿Cómo alcanzaste tan alto?». Barbie no tenía respuestas.

«¿Sabían que María tiene los ojos azules?», era todo lo que decía.

Pero yo supe que Barbie no había brincado como todos pensaban. La levantaron. Desde mi posición en el balcón del coro, pude ver claramente que esos quince centímetros de aire estuvieron presentes como un espíritu entre los pies y el escalón de hasta arriba y que la levantaron hasta que colocó la corona de flores en la cabeza de María.

*A sus ángeles mandará acerca de ti, en las manos te
llevarán.*

—Salmos 91.11–12

Un día salvavidas

Querida Deb:

Mi amiga Susan decidió permanecer en casa y criar a sus cuatro hijos. Cuando eran pequeños, el esposo de Susan hacía muchos viajes de negocios, se iba de lunes a viernes. Susan decía que no habría podido sobrevivir esos días sin los caramelos salvavidas.

Sus cuatro niños nacieron en un periodo de seis años. Ella decía que cuando estaban en la escuela, se sentía más como un perro ovejero que como una mamá. Entre semana, pastoreaba cada mañana a sus cuatro hijos hasta la cocina para el desayuno y luego los pastoreaba de regreso a sus habitaciones para que se vistieran para la escuela. A edades con tan pocos años de diferencia, si uno se quejaba de dolor de estómago, los demás también le seguirían hasta que hubiera un coro de niños enfermos cantando la misma tonada en la mesa. Había ocasiones en que ladrar era lo único que daba resultado para lograr que fueran a la escuela.

En aquellos días, Susan despachaba en el autobús a más de un niño lloroso. Decía adiós con la mano desde la entrada de su casa sintiéndose tan infeliz que se apresuraba a ir a la tienda a comprar cuatro paquetes de salvavidas. Iba a la escuela antes del recreo de la mañana y suavemente tocaba la puerta del salón de clases y pedía ver a su hijo en el corredor.

—Siento mucho que tuviéramos una mala mañana —decía mientras buscaba los caramelos en la profundidad de sus bolsillos. Abría el papel aluminio y ofrecía uno—. Toma, cariño. Toma un salvavidas. —Tomaba el siguiente para ella y reían si resultaba del mismo color que el primero. Al despedirse con un abrazo, les ponía todo el paquete en la mano—. Quédate con él y lo compartes con tus amigos en el recreo. Te quiero —decía.

Después de entregar los cuatro paquetes con el mismo mensaje, manejaba de regreso a casa lista para acometer con alegría la limpieza de la ropa sucia, para hacer las camas y las compras.

Hoy, Susan es la orgullosa abuela de catorce nietos. Cuando sus hijos necesitan consejos sobre paternidad, le llaman y le dicen: «Mamá, ayúdame... tengo un día salvavidas».

P.D. Feliz Día de las Madres, Deb. Bienaventurados tus hijos por tenerte como mamá.

Gócese la que te dio a luz.
—Proverbios 23.25

Una nueva historia

Querida Deb:

Después de ocho años de veranos sin preocupaciones en el lago Rooney, Michael y Patrick y yo habíamos desarrollado un ritmo somnoliento en la cabaña sin videojuegos, computadoras ni vendedores por teléfono. El lago y el bosque eran nuestro patio de juegos de verano y siempre había algo nuevo qué descubrir. Cierto año, pasamos días chapoteando a lo largo de la ribera en busca de rocas lisas que pintar en los días lluviosos. La incesante lluvia se sentía como la temporada de monzones. Para luchar contra la sensación de encierro en la cabaña, pintábamos todo en las rocas, desde arco iris hasta antiguos símbolos egipcios. También leíamos juntos, como si fuésemos un capullo.

Leímos los mismos libros muchas veces. La regla de la familia era que no comentaríamos el libro hasta que todos lo hubieran terminado. Algunas veces era más difícil esperar a que el último terminara de leerlo que esperar que la lluvia se detuviera. *Hoyos*, de Louis Sachar, fue uno de esos libros. Michael y yo estábamos impacientes porque Patrick lo terminara. Moríamos por conversar acerca de la vigía del lago Camp Green. Ella solía mezclar veneno de víbora de cascabel con su esmalte de uñas, a fin de provocar un escozor adicional cuando arañaba a alguno de los

54

residentes adolescentes, además de forzarlo a excavar hoyos bajo el fatigoso calor de Texas.

Patrick estaba sentado en la cocina, encorvado encima de un tazón de cereal leyendo la última página.

—¿Y bien? —pregunté—. ¿Qué opinas? Yo estaba lavando nuestros pinceles con champú. Ríos de azul pavo y rojo sangre destilaban de las paredes de mi viejo lavadero de porcelana. Me asomé por la ventana para ver el cielo encapotado con las lluvias que no habían parado en una semana. Los charcos de nuestro camino de madera eran lo suficientemente grandes como para nadar.

Patrick cerró el libro de un golpe y pescó los últimos trozos de cereal.

—¡Quiero leerlo otra vez! —Tomó el tazón con ambas manos y se bebió el resto de la leche—. Pero quiero que tú me lo leas esta vez, mamá.

Era la primera vez que Patrick me pedía que le leyera desde que empezó a leer libros por capítulos él solo. Supe que lo que realmente quería era que lo reconfortara y no sabía cómo pedirlo. Ambos chicos sufrieron en silencio después de la partida de su padre. Se rehusaban a hablar de la separación y de cómo se sentían, y se negaban a preguntarme acerca del divorcio. Tuve dificultades para hallar maneras de hacer que un chico de diez años y uno de trece hablaran acerca de sus sentimientos. Cuando preparaba chocolate caliente después de la escuela e intentaba hablar o solo escuchar, me decían que estaban bien y se iban. Pero yo sabía que estaban dolidos. Patrick aún batallaba para levantarse de la cama casi todas las mañanas, Michael estaba callado y malhumorado. Su escape era el supernintendo.

Patrick y yo finalmente nos pusimos de acuerdo sobre un libro para leerlo en voz alta, seleccionamos uno que ninguno de los dos hubiese leído. El hipnótico sonido de la lluvia sobre el techo de la cabaña ameritaba una fogata. Amontoné la leña y la encendí mientras Patrick cavó un lugar cómodo para él en un rincón del sofá. Se envolvió el cobertor de franela verde en torno a los hombros, como un chal.

—Compartiré mi cobija contigo, mamá —y le daba palmaditas al lugar que había junto a él. Yo me anidé cerca y abrí el libro.

«Hacía tanto frío que al escupir, la saliva se convertiría en un cubo de hielo antes de llegar al suelo».

Patrick me miró.

—¿De verdad puede pasar eso, mamá? —su vibrante corte veraniego acentuaba los generosos ojos color cacao, oscuros como los de mi padre—. ¿Los Watson viven en Alaska o algo así?

—Shh... Escucha.

«Estaban a enésimos grados bajo cero».

Patrick haló la cobija hasta la barbilla y se me acercó poco a poco. Michael entró arrastrando su propia cobija tras de sí.

—¿Puedo oír también? —preguntó. Se dejó caer en el lado opuesto del sofá y recostó la espalda en el abultado descansabrazos. Levantó las piernas y las extendió sobre mi regazo.

«Toda mi familia estaba sentada realmente muy cerca debajo de una cobija... Parecía como si el frío automáticamente nos hiciera querer estar juntos y congregarnos».

El fuego tronó como si le hubieran salpicado algunas gotas de lluvia por la chimenea. Los tres permanecimos en el sofá mientras yo leía en la noche...

Yo os sustentaré a vosotros y a vuestros hijos
—Génesis 50.21

Miedo a caer

Querida Deb:

Todos bailaban en mis fiestas de Navidad. Bailábamos con nuestros hijos, cónyuges y vecinos. Hacíamos corrillos alrededor de la mesa del comedor, tejíamos filas de conga a través de la cocina y la sala, y bailábamos como el elenco de una famosa película mientras lavábamos los platos al final de la noche.

Pero nadie bailaba como Jim.

Jim era el hermano de Sarah, le habían amputado las piernas hasta la cadera después del accidente que tuvo al podar un árbol cuando tenía veintidós años. A los cincuenta era apuesto, un rudo hombre de montaña que no permitía que nada le impidiera hacer lo que quería. Recién había volado desde Aspen Colorado en su propia nave Piper. Le encantaba volar y bailar.

Mientras Bill Haley hacía la cuenta regresiva: «*Uno, dos, tres, cuatro en punto*», Jim me llamó:

—Oye, Margaret, ¿me aguantará tu mesa del comedor? —bailando a ritmo de *boogie* en su silla de ruedas, balanceando los brazos y tronando los dedos.

Apenas me había desplomado en el sofá después de bailar disco febrilmente con «Last Dance [El último baile]» y Donna Summers. Sarah estaba sentada junto a mí, festiva con su vestido rojo de seda. Sonrió ampliamente y se encogió de hombros.

—Es un gran bailarín —exclamó. Adoraba a su hermano.

Jim se dirigió en su silla de ruedas hasta la mesa y retiró el mantel blanco. Una vieja mesa de pino tipo granja de Quebec, que debido a su superficie desfigurada por profundas cicatrices parecía que también había hecho la función de mesa de trabajo. Moví un par de candelabros de peltre al otro lado de la larga mesa, apagando las velas mientras las dejaba. Jim puso la palma de la mano sobre la superficie y tamborileaba. *«Uno, dos, tres, cuatro en punto»*. Bill Haley rugía desde las bocinas de la alacena que guardaban la vajilla. Tan rápido y grácil como un gato que saltara al dintel de una ventana, Jim se impulsó hasta subirse a la mesa, en la esquina. Desempeñó el papel de pareja de baile formidablemente anclado en la orilla. Reí cuando abrió los brazos y me haló hacia su amplio pecho.

—Ahora podemos bailar de verdad —anunció. Me hizo girar y dar vueltas como bailarina de ballet.

«Vamos a rocanrolear toda la noche, hasta que salga la luz del día».

Era fácil seguir a Jim con sus poderosos brazos. Lo sostuve con firmeza mientras sacudíamos los hombros y bailábamos. Me halaba hacia él, me alejaba dando vueltas, pero después de un estilizado giro casi lo suelto y quise detenerme.

¿Qué tal si me tropezaba? ¿Cómo podría agarrarme? ¿Y si lo halaba demasiado fuerte y lo hacía caer de la mesa? ¿Qué tal si me soltaba la mano y yo salía catapultada a través de la sala y aterrizaba en la ventana de enfrente?

Todos nos hacían ronda y nos vitoreaban aplaudiendo rítmicamente. Mi comedor se había convertido en una pista de baile.

La siguiente vez que Jim me haló hacia su pecho y me envolvió la cintura con el brazo, acerqué mi mejilla a la suya y le susurré desesperada:

—No me sueltes... por favor, no me sueltes. Me caeré y me moriré si lo haces.

Se inclinó un poco hacia atrás hasta que su nariz y la mía casi se tocan, sus ojos azules dignos de una competencia, me invitaron a acercarme un poco más.

—Confía en mí —dijo en un suspiro, su confianza era un ancla poderosa—. No te soltaré... *Nada* que puedas hacer me hará soltarte, Margaret —dijo Jim y me aseguró con un abrazo. Podía sentir su pecho elevándose acompasadamente mientras sus palabras me envolvían como un abrigo protector.

«Vamos a rocanrolear toda la noche».

Mi comedor vibraba completamente con los ritmos del rock and roll que lo atravesaban y por los invitados que zapateaban en el piso de madera. Estudié la cara de Jim. Se trataba de un hombre que había piloteado su propio avión y había sobrevolado las montañas Rocosas para pasar Navidad con su familia. Era un hombre que no dejaba que nada lo detuviera, pese a todo. *Confía en mí, Margaret, nada que puedas hacer me hará soltarte.*

Le di un beso en la mejilla y le agradecí. Entonces recordé cuánto me gustaba bailar.

Jehová es mi fortaleza y mi escudo, en él
confió mi corazón

—Salmos 28.7

Piedras en mi ventana

Querida Deb:

El día que desperté enojada porque mi cabello era muy grueso, supe que estaba en problemas. Por meses me sentí ahogada en un mar de documentos relacionados con el divorcio; las páginas y páginas de preguntas que el tribunal formulaba se desdibujaban a medida que las leía. *¿Cuánto gasta al año en víveres? ¿Niñeras? ¿Entretenimiento? ¿Llamadas de larga distancia? ¿Gasolina?*

Estaba tan enojada con la pila creciente de papeleo que consideré encenderla, pero sabía que mi abogada me cobraría mucho dinero por las copias que tendría que mandarme. No me gustaba esta *yo*, tan enojada que no podía leer ni conciliar su chequera. Extrañaba mi antigua yo, en la que podía confiar. Olvidé cómo cocinar, llegar a tiempo y sonreír. Lo único que no olvidé fue cómo dormir.

Mi extenuación se alimentaba de mí, igual que un parásito; sin importar qué tan a menudo durmiera, el cuerpo estaba hambriento de más. No sabía la fecha porque el tiempo no tiene ningún significado cuando lo pasas bajo las cobijas; lo que sí sabía es que pasaron siglos desde que salí a caminar con Sarah. Una vigorosa caminata al aire fresco me calmaba cuando David recién partió, pero algo cambió una vez que los trámites de divorcio comenzaron, y no podía ordenarle a la energía que atara las cintas de mis botas. Mi rutina matutina bastaba para enviarme de vuelta a la cama: besaba a mis hijos en la mejilla; saludaba a señas al conductor del autobús; apagaba los teléfonos; me arrastraba hasta mi habitación; a gatas me metía en la cama hasta las cuatro en punto, hora en que Michael y Patrick regresaban.

Una mañana después de arrastrarme hasta mi capullo, algo me sacó de mi estupor. Al principio creí que era la llave del baño. «Plink, plink. Plinkity plink». Traté de amortiguar el sonido pateando las cobijas con un berrinche como si tuviera dos años de edad. Me enrollé la almohada en torno de la cabeza, pero cuando la sacaba por aire, el sonido continuaba. Tenía que ser otra tormenta de granizo, lo que me hacía detestar Minnesota por primera vez desde que me mudé allí en 1986.

Tunk, tunk. Sonaba tan fuerte como el granizo que había visto dos años antes, en el patio cuando jugaba con los chicos. Al principio creímos que era chistoso ver pelotas de ping-pong caer del cielo; tratamos de atrapar algunas hasta que nos golpearon la cabeza. Pensé: *Al menos debería levantarme a ver si Michael dejó su reluciente Huffy de diez velocidades a la entrada de la casa.* Pero mi energía no era suficiente para que me importara su bicicleta o si el granizo era lo suficientemente grande para romper la ventana de mi habitación.

¡Smaaaac!

Eso bastó para poner a Mozart, mi perro labrador dorado, fuera de control. Saltó sobre la cama y con las garras se hizo camino para esconderse conmigo debajo de las cobijas.

—Maaargaret... Margaret. Sé que estás ahí —gritó alguien desde afuera de la casa. Mozart dejó de arañar y emergió de la cama. Ladró al pie de la ventana de mi recámara como si el asesino Charles Manson estuviera tratando de meterse a la casa. Tiré las cobijas y pateé la ropa sucia que estaba en el suelo para hallar mi bata. La recámara estaba oscura como la noche, por las cortinas firmemente cerradas. Estaba segura de que el cielo estaría igualmente sombrío por la tormenta de granizo, pero después de correr las cortinas para ver quién me llamaba, casi caigo de espaldas porque el sol me perforó los ojos como un relámpago. Sarah estaba de pie junto a mi ventana con un montón de piedras en la mano. Tenía la otra mano sobre los ojos para taparse el sol que se reflejaba del recubrimiento de aluminio blanqueado.

—¡Abre la puerta! —gritaba—. No te dejaré en paz hasta que la abras.

Craaaac.....

Tuve que esquivar la otra piedra que lanzó.

—¡Oh, oh! Esa estuvo un poquito grande —se reía—. Ay, perdón... ahora déjame entrar ¡antes de que rompa tu ventana!

Me alejé de la ventana y me arrojé boca abajo en la cama. *¿Está loca? ¿No entiende que si no abro la puerta es porque no quiero ver a nadie?* Iba a matarla.

—Vamos, Margaret... Tienes que dejarme entrar. Mi puntería es terrible y los aleros se van a tapar con tantas piedras si no abres la puerta.

Salí violentamente de la recámara detrás de Mozart, que rápidamente se me adelantó. Casi arranco las bisagras de la puerta delantera. No había nadie allí. Rugí ante el jardín: «¡NO PUEDO CREER QUE ME HAYAS AVENTADO ESAS PIEDRAS A MI VENTANA!».

Sara llegó por la esquina, corriendo desde el patio y sonreía como si hubiera resuelto el misterio de las pirámides.

—¿Por qué no? —me rozó al pasar junto a mí—. Dio resultado, ¿no es cierto?

Se dirigió a la cocina como si fuera una mañana normal cualquiera y se puso a buscar un vaso en las alacenas.

—Ve, vístete y ven a caminar conmigo —me gritó por encima del torrente de agua que salía de la llave con toda su fuerza.

Me senté en la silla de la cocina y apoyé la cabeza en la mesa.

—Vamos... —me regañó Sarah—. Necesitas caminar. Siempre te hace sentir mejor; lo *sabes* —se bebió el agua a grandes tragos.

Yo no sabía nada. Todo lo que quería hacer era volver a la cama, me detestaba por eso, ya que me aterraba ser como mi mamá, que durmió la mayor parte de mi niñez.

Sarah abrió la puerta del refrigerador.

—¿Tienes manzanas? Me muero de hambre —esculcaba los cajones. Me levanté y me paré a su lado, sorprendida al ver comida adentro. Quería gritar, *¿quién manda aquí?* Toda mi vida fui la niña capaz, la lideresa de la manada, la anfitriona más hábil. Estaba acostumbrada a ocupar siempre el asiento del conductor y, de alguna manera, había terminado durmiendo en el asiento trasero.

—Mmm,.... rica —Sarah mordió una manzana.

Tronó los labios.

—Por cierto, lindo cabello... ¿nuevo peinado?

Me mesé los cabellos. No podía recordar la última vez que tomé una ducha. Me miré las palmas para revisar si tenían grasa y cuando volteé la mano me vi las uñas. Mi esmalte Hot Chili estaba astillado y tenía grietas. Miré a Sarah y me encogí de hombros. Un pequeño músculo en la comisura de la boca empezó a contraérseme con espasmos. Quise impedirlo pasándole un dedo por encima.

Sarah le dio otra mordida a la manzana y me miró.

—Oye... ¿estás *sonriendo*? —me ofreció una mordida. Cuando negué con la cabeza me dijo—: ¿Sabes qué? Como que me simpatizas más ahora que no estás tratando de ser tan perfecta —arrojó el corazón de la manzana en el fregadero—. Anda, ve y vístete...

Y me ha dicho: Bástate mi gracia; porque mi poder se perfecciona en la debilidad.

—2 Corintios 12.9

En la acera

Querida Deb:

Hace algunos días observé a una niña descender de un autobús urbano mientras yo estaba parada en el semáforo. Tenía el aspecto de una adolescente normal, llevaba unos desgastados *jeans* azules cuyos dobladillos deshilachados arrastraban por la acera. Se reía y echaba hacia atrás la cabeza mientras bajaba, pero iba sola. Cuando las puertas del autobús se cerraron resoplando detrás de ella, dejó caer una mochila llenísima a sus pies y se giró para mirar el autobús irse como un rayo calle abajo.

Cuando alzó la mirada, su cara estaba brillante por los resabios de la sonrisa, de esas que te quedan después de haber escuchado una muy buena broma y que permanecen por un rato. Tenía el cabello recogido en una coleta de caballo que le tocó el hombro cuando se inclinó a recoger su pesado paquete. Tomó algo con la mano y batalló para llevarse la mochila hasta el hombro con una sola mano. Después de que consiguió pasar la mano a través de la acolchonada asa, pude ver lo que sostenía. Era un librito. No era de pasta dura.

Una vez que se colgó la mochila en los hombros, abrió el libro en la página marcada y empezó a leer. Lo sostenía en las palmas como una ofrenda al cielo y leía mientras caminaba, su sonrisa se hacía más amplia a cada paso.

La luz cambió a verde, no tuve oportunidad de ver el título que causaba que esa chica se carcajeara en el autobús. Moría por saber qué libro la cautivó de tal manera que caminaba y leía al mismo tiempo. Yo he sentido eso también. He conocido el poder de las palabras, palabras que lograron hacerme reír por días ante su recuerdo y palabras que me transportaron a través del tiempo y el espacio. Mientras conducía a casa, celebré al autor que capturó el corazón de esa joven, y sonreí en comunión con ella.

Fueron halladas tus palabras, y yo las comí; y tu palabra me fue por gozo y por alegría de mi corazón
—Jeremías 15.16

Encáralo

Querida Deb:

Hoy leí este anuncio en Facebook: «¿Quieres hallar a Dios? Mira la cara de la siguiente persona que veas». Lo había escrito mi amigo Leonard Sweet, escritor, predicador, erudito. Un hombre que es tan apasionado por su trabajo, que acoge la maravilla y el misterio de Dios con mente de teólogo y corazón de niño, y nos pide que nos tomemos de las manos junto con él y que sigamos a Jesús. Él comparte su fe, su vida y su trabajo en muchos de sus libros y sermones. Afortunadamente para mí, también lo difunde en Facebook. Sus avisos diarios, desafiantes y provocadores, pretenden ser interactivos.

Mi primer pensamiento fue que la siguiente cara que vería sería la mía, cuando subiera a lavarme los dientes. O la de mi perro labrador negro Viking, que yacía en el suelo hecho un ovillo a mis pies. Pensar eso me hizo reír tan fuerte, que Viking saltó y ladró como si hubiera sonado el timbre de la puerta.

«Perdón, Viking», dije, lo que en idioma perruno significa: «Ven aquí, cariño». Apoyó sus cuarenta kilos contra mi pierna y dejó caer la pesada cabeza negra en mi regazo. Abanicaba la cola de atrás hacia adelante a través de mi alfombra color avena y dejaba un rastro de pelo. «Viking, ¿Dios está aquí?», me asomé a las profundidades de sus oscuros ojos negros. Inclinó la cabeza, levantó una pata carnosa y la posó sobre mi rodilla. Lo alejé de mí antes de que se le ocurriera ponerme las dos patas delanteras en el hombro, gracia que Michael le había enseñado.

Caminé hacia el espejo del recibidor y vi mi reflejo. «¿Estás ahí, Dios?». Se supone que los ojos son las ventanas del alma, así que miré fijamente dentro de los míos. Me imaginé que si Dios estaba dentro de mí, así sería como podría verlo. Lo único que pude ver fueron unas arrugas tamaño cráter que estaban llenas de líneas de tizne. Aún no me había lavado la cara.

Camino escalera arriba para vestirme para mi paseo matutino en bicicleta, noté que en el pasillo había un cuadro colgado pero torcido. Era un retrato de Patrick a los dos años de edad. Vestía pantalones blancos y camiseta blanca frente a un muro todo blanco, que era la última tendencia en decoración hacía veinte años, parecía un angelito envuelto en un mar blanco. Encima del retrato de Patrick se hallaba la misma escena, la foto de Michael tomada tres años antes, cuando tenía dos. Michael estaba frente a la cámara y posaba perfectamente sobre una silla para niños que había sido pintada con aerosol blanco para que se fundiera con el fondo. En el piso había un enorme oso de peluche como decoración a sus pies. Había conservado la ropa blanca y las decoraciones, y había pagado con anticipación al fotógrafo pues planeaba tener otro retrato para hacer juego cuando Patrick cumpliera dos. Pero cuando llegó el momento, Patrick no quiso que se le tomara la fotografía. Reprogramamos la cita tres veces antes de que el fotógrafo dijera: «Tráigalo hoy o perderá su dinero».

Después de prometerle una Cajita Feliz del restaurante McDonald's, conseguí vestirlo con la ropa blanca. Cuando entró al estudio y vio la silla para niños, corrió y se sentó a horcajadas. Dando la espalda a la cámara. Algunos caramelos Skittles lo convencieron de mirar hacia el fotógrafo. En cuanto tragó el último pedazo de dulce de fruta se arrancó la camiseta blanca y se la puso en la cabeza como un turbante. Lo vestí de nuevo con la promesa de ir a su parque favorito si miraba la cámara y le permitía al buen hombre tomar su retrato.

«Bien, mami», dijo y se sentó en el suelo detrás de la silla y frente a la cámara. Jugó a las escondidas con el fotógrafo, que para ese momento ya no quería jugar con nadie.

Me quedé sin caramelos, y el fotógrafo se fue para atender al siguiente cliente, que había estado esperando que termináramos. Estaba segura de que iba a perder mi dinero, y de que no tendría el retrato. Luego recordé que en todas las fotos que tenía de Patrick, él estaba haciendo algo chistoso. El sombrero de San Nicolás que tapaba su cara. El tazón de cereal sobre la cabeza y la leche que le escurría por la cara. Él haría lo que fuera por hacer reír a Michael.

«Patrick, ¿por qué no nos enseñas cómo quieres sentarte? No tienes que sentarte exactamente como Michael en su retrato. No me importa como te sientes, siempre y cuando podamos ver tu cara».

Lo dejé solo en el pequeño estudio sin ventanas por un minuto. Cuando volví con el fotógrafo, Patrick se había vestido y estaba sentado de lado sobre la silla, con la cara de frente a la cámara. Tenía el enorme oso de peluche sobre el regazo y los brazos le rodeaban la cintura. El oso estaba de cabeza. La barbilla de Patrick descansaba entre las gordas y lanudas piernas del oso. Asentí con la cabeza y el fotógrafo empezó a disparar.

Enderecé su retrato y sonreí. Patrick no había cambiado. Durante veinte años había sido implacable protector de su personalidad «patrickesca». Me ayudó a convertirme en una mejor madre al enseñarme que mi estilo no era siempre el mejor. Me enseñó que cada uno de nosotros escucha una tonada diferente y, al escuchar nuestra propia sinfonía, podemos convertirnos en lo que se supone que debemos ser.

He visto tu rostro, como si hubiera visto el
rostro de Dios.

—Génesis 33.10

La roca

Querida Deb:

La hermana Mary Francis les dijo a todos los de cuarto grado que Dios estaba en todos lados. La clase se puso como loca. ¿Cómo podría Dios estar *en todos lados*?

Desde cada uno de los rincones del salón se lanzaron preguntas cual bolas de nieve que sitiaron a la hermana, sola contra los estudiantes.

—¿Está Dios debajo de mi cama?

—¿Está en mi clóset?

—¿En el refrigerador?

—Sí, sí, sí —repetía la hermana—. Dios está en todos lados —entrelazaba sus manitas frente a ella. Las amplias mangas de su hábito negro parecían cortinas que le llegaban debajo de las rodillas, mangas suficientemente amplias como para que yo gateara dentro y me escondiera. La hermana tranquilizó a la clase y nos dio a cada uno de nosotros la oportunidad de plantear, por turno, un lugar en el que Dios pudiera *no* estar. Cualquiera fuese el lugar que sugiriéramos, ella decía la misma cosa. *Dios está allí también.*

Pero yo sabía de un lugar. Estaba segura de que Dios no estaría en mi imaginación, ese sitio de tierras lejanas donde los niños rigen y en donde se hablan lenguajes que solo mis hermanas y yo sabíamos. ¿Cómo puede Dios conocer ese lugar secreto?

Cuando llegó mi turno y la hermana Mary Francis me pidió que dijera un lugar en el que Dios no estuviera, yo quise decir «mi imaginación», pero había hecho votos de nunca hablar a nadie sobre esos mundos ni del lenguaje especial que hablaba con mis hermanas. En lugar de eso, dudando respondí:

—Debajo de una roca.

La clase rugió. La roca era el lugar más preciado del patio de recreo. Surgía desde el pavimento y era lo suficientemente grande para sostener a dos niños parados, uno junto a otro, en la cima cuando jugábamos al «Rey del castillo».

La hermana me miró y sonrió.

—Tienes razón, Margaret. Dios no está debajo de la roca.

No podría creerlo, hallé un lugar en donde Dios no estuviera. ¡Había ganado! Toda la clase volteó a verme mientras la hermana continuaba.

—Dios no está debajo de la roca —repetía—. Él *es* la roca.

Me dejó perpleja por años...

Él solamente es mi roca y mi salvación.
—Salmos 62.6

¿Dónde está Jesús?

Querida Deb:

No podía creer que mis hijos quisieran ir al templo.

«Vamos, mamá. ¡Vámonos ya! Solo probemos el templo para ver qué se siente», decía Patrick, como si el templo fuera un parque de diversiones y él quisiera ir a verlo. Estuve aplazando su petición, convenciéndome a mí misma de que era una fase, como lo fueron esos personajes: los Power Rangers o los de Plaza Sésamo.

Se les ocurrió la idea de ir al templo por Grant, el mejor amigo de Michael. Grant hablaba sobre su iglesia todo el tiempo. Se sentaba en nuestra mesa del comedor, deglutiendo paladas de comida marca Kraft Dinner y entreteniéndonos con sus relatos de pijamadas en el templo durante las cuales había películas, escondites y juegos. Repetía una y otra vez «divertido», lo que a mí me hacía preguntarme acerca de los cultos y los lavados de cerebro.

No había ido al templo en más de veinticinco años. El templo de mi infancia no era «divertido». Los domingos en la mañana, mis hermanas y yo nos sentábamos como estatuas por más de una hora, amontonadas en bancas que se desbordaban de *baby-boomers*, esa generación que creció y terminó desafiando, como yo, cuanto habían escuchado en la iglesia. El Dios de mi infancia me asustaba. Los sacerdotes cantaban en latín cosas que yo no entendía, y nos daban conferencias sobre reglas inviolables cuya desobediencia me castigaría con infernales consecuencias. La mayoría de los domingos en la mañana, mientras me sentía desmayar por el ayuno, soñaba con chicos y el desayuno. Cuando terminé la escuela secundaria, ya había abandonado toda esperanza de llegar al cielo; había aceptado que pasaría la eternidad en el purgatorio, esa parada permanente para los pecadores, y me imaginé que tendría tantos amigos a mi lado que el cielo no importaría. Algunos niños desertan de la escuela. Yo deserté de la iglesia.

Durante toda mi vida, si el tema de Dios llegaba a surgir, siempre decía: «Sí, creo en Dios, por supuesto que creo». Pero solo confiaba en mí misma. Raramente pensaba en Dios, salvo cuando estaba en la cabaña con mis hijos. Era difícil no pensar en Dios en el lago Rooney. Era la respuesta a toda pregunta acerca de la naturaleza que Michael y Patrick me formulaban y que yo no podía responder. «*¿Cómo pueden las águilas ver los peces bajo el agua si vuelan tan alto en el cielo?*. Dios. *¿Cómo es que podemos escuchar el viento en el bosque antes de sentirlo?*. Dios.»

Después de un año de persistencia, le dije a Patrick: «muy bien», y accedí a ver cómo sería el templo aunque todo ello me asustaba. Me preocupaba conocer a la gente que iba a ese templo. ¿Qué tal si eran todos fanáticos cristianos con vidas perfectas? ¿Y si tenían reglamentos que yo ya había violado? ¿Y si una vez que me conocieran me impidieran volver a entrar?

Cuando llegó el domingo, condujimos más allá de fincas de campo que tenían blancas cercas de tres vigas y serpenteaban entre lomas de pastizales. Me preguntaba si yo iba al templo también por mí. ¿Sería una de esas cosas que los recién divorciados hacen mientras buscan su identidad sin pareja? Nos pintamos el cabello, nos vamos de crucero o compramos un auto deportivo. Algunos regresamos a la iglesia. Yo había considerado tatuarme la torre Eiffel en el muslo hasta que tomé conciencia de que alguien más podría verlo realmente, y que para ese entonces quizá parecería la Torre inclinada de Pisa.

La Iglesia Woodridge parecía un centro comunitario de ladrillo nuevo, no tenía nada que indicara que era un templo, excepto el gran estacionamiento lleno el domingo. Grant estaba en la entrada esperando a los chicos para saludarlos, y los tres brincaron pasillo abajo. Michael gritó por encima del hombro: «Nos vemos más tarde, mamá. Grant dice que deberíamos vernos abajo cuando se termine. ¡Habrá rosquillas!».

Todo en la apariencia del templo era diferente de cuanto había visto antes. Me sentí como turista en tierra extranjera. El santuario era un gran auditorio que parecía un teatro y tenía asientos acojinados. En lugar de altar, había un escenario con una enorme pantalla. Tomé un lugar junto al pasillo, en la parte trasera, y miré a mi alrededor. No había estatuas de la sagrada familia, ni velitas para alumbrarlos. *¿Dónde están los vitrales, los reclinatorios y la cruz? ¿Cómo es que no hay una cruz en una iglesia? ¿Dónde está Jesús?*

Todos iban charlando mientras el auditorio se llenaba con oleadas de gente. Nadie murmuraba. No podrían escucharse con todas aquellas risas y conversaciones. Me crucé de brazos, sintiendo que había cometido un error al ir a un templo sin haberlo investigado. Sacudí la cabeza. *¿No hay cruz?*

Hasta la música era extraña. Sentí como si estuviera en un concierto del grupo Abba cuando vi a cinco personas alineadas en el escenario sosteniendo micrófonos. Comenzaron a cantar y la audiencia se puso de pie. Todos cantaron la letra que apareció en la pantalla gigante.

Nunca había escuchado esa canción, pero había algo familiar en ese coro de voces que cantaban en armonía y que me hizo quebrantar. ¿Extrañaba a mi papá? Él había cantado en un cuarteto de barbería, las armonías siempre me lo recordaban. Busqué un pañuelo en mi bolso y me enjugué los ojos. Me reanimé cuando comenzó la segunda canción.

«Sublime gracia…».

Mi abuela solía cantar esa canción con su gorjeante voz de soprano cuando paseaba en su jardín.

«... *del Señor*...».

Una vez más lo sentí. Ese cosquilleo. Ese sentimiento de *paramnesia* que me decía *que lo conozco*. No era solamente la canción lo que conocía. Era algo más, provocaba que el corazón se me acelerara. Vi la pantalla y me desmoroné.

«*Que a una infeliz salvó*...».

Había escuchado a mi abuelita cantar «*Amazing grace*» mil veces. Sabía la letra de memoria. Pero nunca la había *visto*, y nunca había considerado que significaba algo.

«... *perdida fui*...».

¿Perdida? Sí, me sentía perdida en cada una de las habitaciones de mi propia casa. Perdida en la tienda, perdida cuando iba a la cama y cuando me levantaba cada mañana. Miré a mi alrededor, a mi derecha y a mi izquierda. Estaba perdida, y todos cantaban como aficionados al béisbol cantando el himno nacional antes del juego.

Mi *pañuelo* ya estaba empapado cuando el pastor subió al escenario de un brinco.

Narró un relato acerca de lo enredada que puede ser nuestra vida, y sentí como si se estuviera dirigiendo directamente a mí. Cuando empezó a hablar acerca de las preocupaciones, me hundí en mi asiento. ¿Cómo podía conocer mis preocupaciones? ¿Sería posible que supiera que estaba rematando mis joyas para comprar víveres y gasolina porque mis tarjetas de crédito estaban sobregiradas? ¿Sabía lo de mi divorcio? Quería esconderme debajo de mi asiento.

Después del servicio, la recepción cobró vida con las familias que salían del auditorio. Pasé a toda velocidad entre la multitud en mi carrera por encontrar a mis hijos e irme a casa. Me detuvo una mujer que me bloqueó el camino con el brazo extendido.

—Hola. Soy Ruth Conard. Usted debe ser nueva aquí —me saludó con sus dos manos, encerrando la mía entre las suyas.

Dio un paso atrás y halé la mano para acomodarme un mechón de cabello detrás de la oreja.

—Sí, hoy fue mi primera visita.

¿Cómo sabría eso? Yo me había hundido en mi asiento al fondo, desesperada por no llamar la atención.

—Soy una de las pastoras asociadas, aquí, y me enorgullezco de reconocer a los nuevos —me miraba con unos ojos como lo de la Madre Teresa. Conversamos acerca de la ceremonia y de la música. Le conté de Grant y cómo mis hijos me habían insistido por meses para que viniéramos.

—¿Le gustaría que nos encontráramos para tomar café en algún momento de esta semana? —me sonrió y me dio su tarjeta de presentación.

Ruth Conard, pastora asociada, decía, y tenía el logotipo de la iglesia, la dirección y el número de teléfono junto con el número de su celular. No podía creer que tuviera una tarjeta de presentación y un teléfono celular. La iglesia ha cambiado mucho en los últimos veinticinco años.

Jesús... alzó la voz y dijo: A mí me conocéis, y sabéis de dónde soy.

—Juan 7.28

Soldados de chocolate

Querida Deb:

En 1965, cuando dos hipotecas consumían sendos sueldos de mis padres, mi papá fue en misión especial a la tienda Woolworth. Planeaba comprar huevos de chocolate, conejitos y patos con setenta por ciento de descuento, diez minutos antes del cierre, la víspera del domingo de Pascua.

—¡No creerán cuánto compré con cinco dólares! —Papá entró a la cocina bailando vals y puso dos bolsas en la mesa—. De seguro todo esto llenará las canastas de las niñas —se había apresurado a ir a la tienda después del trabajo. Todavía llevaba puesta su camisa azul y sus botas con punta de acero que olían a ese pegajoso petróleo que burbujeaba en las carreteras y que se pegaba a nuestras sandalias en el verano.

Cuando mis hermanas ya se habían ido a la cama, ayudé a mamá a armar las cuatro canastas de Pascua que estaban alineadas en la mesa del comedor. Puse dos huevos cocidos pintados de colores pastel en cada canasta y salpiqué con caramelos el pasto de celofán rosado. Algunos se resbalaron hasta el fondo de la canasta, joyas masticables que serían descubiertas cuando el último pedazo de chocolate fuese devorado.

Mamá vació la bolsa de la tienda con las gangas de Woolworth y suspiró:

—Este conejito está roto, Donald... y este también... no tiene cabeza. La ventana que estaba al frente de los paquetes amarillos y rosados exponía el chocolate dañado. Un pato con un hoyo suficientemente grande en su panzota para que cupiera una ciruelita, un conejo sin un pie, un perro cachorro hecho pedazos y otro sin cabeza.

Papá estaba sentado en su sillón, leyendo el periódico.

—No importa si están rotos. Saben igual. ¿Cuál es la diferencia? —sacudió el periódico y lo dobló por la mitad.

—No puedo poner los conejitos rotos en sus canastas... No puedo —gritaba mamá—. ¿Cómo puedo hacer que se vean especiales si están todos rotos? —Abrió una caja y tomó uno que estaba partido en dos. Tomó las orejas en una mano y el cuerpo en la otra, luego los juntó como un rompecabezas y se abalanzó a la cocina con ellos en la mano.

Papá y yo la seguimos cuando escuchamos el sonido de su batidora eléctrica. Mamá era una repostera excelente, pero yo no podía imaginar cómo iba a arreglar eso.

—Pegamento —nos miró, agregando más leche al azúcar granulada.

—Los arreglaremos con betún —dejó de mezclar y metió una cuchara de madera en el centro del molde. La cuchara se quedó en posición vertical, como el poste de una cerca plantado en el cemento. Una olla con leche se calentaba en la estufa.

—O podríamos usar leche caliente. El chocolate se derrite, así que podemos barnizarles leche en ambos lados y sostener las piezas juntas hasta que se endurezcan. Margie, sácalos de las cajas y trae las piezas.

Horas después la mesa de nuestra cocina estaba cubierta de una fina capa de caramelo, un mosaico de fragmentos de chocolate y cuentas de betún endurecido. En la mesa se encontraban los conejitos y los patos reparados, inclinados contra la pared para que se secaran, una fila de soldados de chocolate heridos.

—Ah, se ven formidables... ¡como nuevos! —Papá dio un golpecito sobre la cabeza del cachorro con el pincelito que había usado para aplicar la leche caliente.

—Unas cuantas cicatrices, es todo, pero apuesto a que ahora son mucho más fuertes... ¡como los huesos rotos que han sanado.... ahhh! —sonrió y tomó un conejito al que se le habían recolocado la orejas—. Mira... ve este pequeño —lo sostenía a la altura de mi cara—. Mucho mejor.

Mamá retrocedió un paso de la mesa para observar detenidamente la exhibición. Se cruzó de brazos.

—Tendrán que dar resultado, pero no están mejor que antes, Donald. Se ven terribles con esas cicatrices de Frankenstein y los cuerpos chuecos —le quitó el conejito de las manos y volvió a ponerlo en la mesa—. Nada es igual una vez que se ha roto.

Antes de rendirme al sueño aquella noche, inventé una historia para convencer a mis hermanas de que el conejo de Pascua había tenido un accidente, que había tropezado con un cochecito que un niño había dejado en la acera. No estaba segura de si me creerían, pero no importaba. Mientras se embutían las orejas de chocolate, me di cuenta de que papá tenía razón. No importaba cómo lucía su exterior. Chocolate es chocolate.

Él sana a los quebrantados de corazón, venda sus heridas.

—Salmos 147.3

Una serpiente en el césped

Querida Deb:

—¡Hora de un bocadillo! —grité a través de la puerta de mosquitero. Michael y Patrick flotaban cerca de la punta de nuestro muelle en su tabla de *surf*. Después de otro día entero lleno de deportes acuáticos y de sol, se habían rendido a la calma de la tarde que se convierte en ocaso.

—Oye, Patrick, no hay que responderle a mamá y finjamos que nos hemos quedado dormidos en la tabla.

—Bien, Michael —Patrick comenzó a roncar más fuerte que Popeye. Estiró los brazos sobre el agua como si estuviera flotando muerto. Patrick había cumplido seis ese año y era la comparsa perfecta, encantado de seguir las instrucciones de Michael sin cuestionar. Uno de mis sonidos favoritos en el lago era el de las risas de ambos.

No habíamos visto un alma por días, lo que era típico en nuestro laguito de Wisconsin a mediados de agosto. La mayoría de los dueños de cabañas y sus familias habían empacado hacia finales de julio, con el propósito de regresar a su vida citadina. Había días en que los niños y yo jugábamos Frisbee y el único recordatorio de que no estábamos solos en el lago Rooney eran los pequeños peces que nadaban en torno a nuestros tobillos. También compartíamos nuestra casa veraniega con somorgujos, águilas calvas y criaturas nocturnas cuyos aullidos luctuosos eran los únicos sonidos en kilómetros a la redonda.

—¡Vamos, chicos! Tengo queso y galletitas saladas y esas frambuesas que recogí ayer. Ahhh ¡e hice té para el calor! Michael y Patrick pusieron en evidencia sus raíces escocesas en su amor por el té de la tarde, pero sus genes estadounidenses lo preferían helado, lo que habría enviado corriendo a mi abuela a encender velas en el altar, si estuviera viva.

La hora del bocadillo era el momento en que podía estar sola. Mis funciones de salvavidas terminaban mientras los chicos leían, practicaban juegos de mesa y de vez en cuando veían una película. La mayoría de los días, tomaba un libro y mi té y descendía hasta el muelle, donde no se permitían saltos después de las cinco de la tarde.

Los chicos llevaron su té al interior de la cabaña. Yo tomé mi propio vaso de té helado, un plato con fruta, mi libro y mis lentes para leer. Balanceaba todo en los brazos mientras maniobraba por los ocho estrechos peldaños que conducían en una gradual pendiente a mi muelle. Estaba a medio camino cuando casi la piso. Una enorme cosa serpenteando a la mitad del escalón. Por un segundo mi pie le pasó por encima antes de aventar mi bocadillo al aire y correr volando de regreso por las escaleras hasta la seguridad de mi mesa de picnic. Estaba segura de que las serpientes no podían subir a una mesa pero no sabía la rapidez con la que podrían perseguirme, así que no me arriesgué a correr los seis metros restantes hasta la cabaña.

—¡Michael....Michael! ¡Ve por el hacha al garaje! —yo bailoteaba descalza sobre la mesa, mejor que Fred Astaire bailando en el techo— ¡Michael... trae el hacha... apresúrate! Ve por ella, ve por el hacha y ¡rebánala!

Michael abrió la puerta corrediza y asomó la cabeza. Bostezó y se rascó la cabeza como si hubiese despertado de una siesta.

—¿Qué? ¿Mamá? Estamos viendo *Indiana Jones* y es la mejor parte —dijo jugando con la lengua llena de algunas migajas de galleta que se le habían quedado en la comisura de la boca.

No preguntó por qué estaba yo baileoteando sobre la mesa. Antes, ese mismo verano, lo había convencido de que había un oso en nuestro bosque, a poco menos de dos metros, ellos corrieron derribando hamburguesas y limonadas. Michael no iba a caer en la trampa otra vez.

—Hay una enorme serpiente en el escalón. ¡Tienes que ir por el hacha y matarla! —agité los brazos en dirección de los escalones como Billy the Kid al vaciar un par de revólveres.

Si le hubiera dicho que ahogara a un gatito estaría más sorprendido.

—*No* voy a ir por el hacha, mamá —respondió enojado. A los nueve años de edad, Michael se había enamorado de muchas pequeñas criaturas y había querido rescatarlas a todas. El invierno anterior había llorado por una ardilla cubierta de nieve que temblaba en la punta de una rama del roble que está afuera de la ventana de su cuarto.

—Vaaammoos —rogué—. ¡Seguiré varada en esta mesa hasta que vengas a buscarme, por lo menos!

Prevaleció su espíritu aventurero, aunque se burló de mí cuando pasó a mi lado. Con rapidez recorrió la pendiente hasta el último escalón y pateó unas cuantas rebanadas de manzana y los cubitos de hielo de mi té que se derretían. Junto al muelle, yacía mi vaso de plástico medio lleno de agua del lago.

—Aquí no hay nada, mamá... en el escalón no hay nada ¡salvo un pedazo de limón de tu té! —Se rió y continuó su búsqueda en el suelo—. Te figuraste cosas.

¿Y si él tenía razón y solo se trataba de una varita que había caído de la rama que daba sombra a los escalones? No sería la primera vez que una ramita me hiciera gritar. Me puse la mano en el corazón para calmar su golpeteo.

—A lo mejor era un tronco que parecía una serpiente —rió—, ¿rescato tu vaso? —Michael tenía un pie en el agua cuando volteó la cabeza tan rápido que casi pierde el equilibrio.

A toda prisa corrió al dique y gritó:

—¿Oíste eso mamá? ¿Lo oíste? —se deslizó detrás de la base del abedul y se me perdió de vista.

—¿Qué? ¿Oír qué? —grité. Quería vomitar. Aún no podía verlo encaramada en lo alto de la mesa.

—Oh... no... ¡mamá! ¡Tenías razón! *Es* una serpiente... Una gigante... aaahhhh. Está toda inflada y me hace ruidos... Es una cobra... No sabía que hubiera cobras en Wisconsin... Caramba, es formidable. Deberías verla. Ven a ver, mamá. ¡Es *magnífica*!

¿Ir a verla?

Con esa emoción me había olvidado de que estaba de pie sobre la mesa, fuera de control como una lunática. Michael solo conocía a la mamá valiente que rescataba ratitas bebé, ensartaba gusanos en los ganchos y despegaba ratones aplastados de las ratoneras que yo misma había instalado. Conocía a la mamá que había acampado sola fuera de la cabaña junto a él, en una tienda tan pequeña como hecha para cachorros, sin importar qué tan aterrada estuviera de que algún asesino prófugo pudiera matarnos con un hacha durante la noche. Esta era la primera vez que me había visto demostrar miedo desenfrenado.

Cuando la serpiente se escabulló hacia su madriguera por el dique arenoso, Michael regresó por las escaleras. Yo había terminado por sentarme en la orilla de la mesa e intenté lucir derecha y calma sentada con las piernas cruzadas. Le sonreí.

—Eres rara, mamá —sacudió la cabeza mientras caminaba frente a mí—. Y de todas maneras, ¿qué con las serpientes? —Sin esperar la respuesta, se deslizó por la puerta de mosquitero que estaba abierta para ir con Patrick y terminar de ver *Indiana Jones*.

No temáis, ni tengáis miedo... porque Jehová tu Dios es
el que va contigo.

—Deuteronomio 31.6

Palabras de una niña grande

Querida Deb:

En su libro *Traveling Mercies* [Bendiciones itinerantes], Anne Lamott dice que hay realmente dos tipos de oraciones: «*Ayúdame, ayúdame, ayúdame*» y «*Gracias, gracias, gracias*». Me encantó leer eso por dos razones:

1. Hay alguien más tan dramática como yo.

2. Hay momentos en que estoy tan acongojada que la única oración que puedo pronunciar es «*¡A-yu-da!*».

Con los años, he aprendido que a Dios no le importa cuán coherente sea yo. No juzga mis plegarias, mis floridas palabras de aprecio ni cuándo y en dónde ore. Al contrario, le interesa qué es lo que hay en mi corazón. Al igual que mis otros amigos, Dios quiere incluirme en su vida. Quiere que le cuente cuando estoy en problemas. Quiere saber cuando estoy contenta e incluso cuando me siento agradecida por la última hogaza de pan integral de mi panadería favorita. Nada de mi vida es demasiado grande para Dios y nada es demasiado pequeño para él, lo que significa que en los días en lo que ya no me quedan palabras, él me escucha cuando digo: «*Ayúdame, ayúdame, ayúdame...*».

P.D. Oro porque sientas que Dios te toma la mano mañana durante tu cirugía, Deb. Y que tome de la mano al cirujano también.

querida amiga

*Sean conocidas vuestras peticiones delante de Dios en
toda oración y ruego, con acción de gracias.*
—Filipenses 4.6

Lecciones para ir de compras

Querida Deb:

Los meses que siguieron a mi divorcio, estaba tan enojada que tenía que apretar la quijada para evitar un ataque de rabia. Algunas mañanas sentía las costillas adoloridas por tratar de contenerme mientras dormía. Era como si mis sentimientos fueran prisioneros que golpearan contra los barrotes antes de un motín. Yo tenía miedo de que si dejaba escapar una palabra, miles seguirían, una caballería desenfrenada de palabras.

Hice todo lo apropiado para combatir mi enojo. Me inscribí en un gimnasio, encontré una iglesia, fui a terapia. También pasé mucho tiempo yendo de compras a la tienda Target. Target tenía lo que yo necesitaba: barras de *granola* con chispas de chocolate, rímel para pestañas extralargas, sandalias con correas de leopardo peludo y lentes de sol. Después de probarme el décimo par, encontré unos con armazones de carey que le iban bien a mi cara, según podía ver en el espejo de diez centímetros colocado en ángulo. Los tomé para ver el precio: $19.99, una ganga. Levanté el brazo para alcanzar mis propios lentes, Ralph Lauren que traía en la cabeza y que me había costado grandiosos doscientos dólares. Mi primer pensamiento fue *podría robármelos*.

El pensamiento apareció sin advertencia alguna, como un carterista en la noche. Intenté alejarlo pero seguía firme, bloqueando cualquier otro pensamiento. *Podría robármelos.* Era ridículo. No los necesitaba y bien podía permitirme pagar los $19.99. Eché un vistazo a mi alrededor en busca de cámaras de seguridad y no vi ninguna. Por encima de mí había una torre con docenas de estantes giratorios cargados con collares brillantes y diademas con joyas, una antipara perfecta de los empleados que estaban al frente de la tienda. Golpeé una gargantilla negra de terciopelo con orilla de calaveras plateadas que tintineaba como campanillas de hadas. Me imaginé que si *hubiera* cámaras y alguien estuviera viendo, a nadie le llamaría la atención una pequeña mujer de cuarenta y ocho años bien vestida con el carrito *lleno* de artículos marca Suzie Homemaker.

De repente, sentí que el pecho se me entumecía. Me recliné sobre el carrito con las compras y apreté los lentes con tanta fuerza, que pensé que se me romperían en la mano. ¿Qué es lo que me pasaba? ¿Por qué consideraría robarme algo? Era la madre de dos hijos que estarían metidos en grandes líos si yo los sorprendiera robando. Me estremecí cuando el pensamiento se hizo más seductor. *Tómalos, tómalos; mira lo que te han hecho a ti.* Eché un vistazo tras de mí y a mis costados con la astucia de un gato que acecha a su presa. Con la misma elegancia felina abrí el cierre de mi bolsa y deslicé los lentes de sol junto a mi cartera. Mi corazón se desbocó. Enderecé los hombros y zigzagueé hasta la caja registradora, cargando mi carrito con cuanto pude tomar antes de llegar a la cajera.

—Son doscientos diecinueve dólares con setenta y nueve centavos. ¿Lo cargamos a su cuenta Target? La cajera sonaba como si me hubiera estado hablando a través de una lata de hojalata.

El estómago me daba vueltas.

—Disculpe —dije casi croando con voz de rana—, ¿cuánto? —*Respira*, me ordené a mi misma, *solo respira. Si te atrapan,* confiesa. *Di que creíste que habías puesto tus propios lentes en tu bolsa. Lo aceptarán como un auténtico error de una mujer que acaba de gastar una pequeña fortuna en su tienda.*

—Doscientos diecinueve con setenta y nueve —repitió mientras levantaba la mano—. Señora, ¿a su cuenta o en efectivo? —bostezó.

—Visa, por favor —me escuché como Minnie, la novia del Ratón Miguelito. Tenía visiones de mi propio retrato en la portada del periódico de Minneapolis: «Mujer divorciada roba lentes de sol para recuperar a su marido».

Después de firmar, metí mis compras al carrito y me dirigí a la salida. Crucé apresuradamente el umbral, llegué a la luz del sol y sentí una oleada de calma en cuanto localicé mi coche. Comencé a caminar hacia él, pero una mano más grande que una manopla me detuvo por el hombro. Escuché la estática y los bips de un radio detrás de mí y supe que se trataba de un intercomunicador antes de voltear para ver. Me habían sorprendido. Las blancas letras bordadas en su chaqueta color vino lo confirmaban, SEGURIDAD. Sentí como si me hubiera caído por la borda en un tsunami. Me aferré a mi carro como si fuera un bote salvavidas.

—Disculpe, señora —no podía tener más de veintidós años y unas pequeñas espinillas rojas le sobresalían de la pelusa que tenía en el labio superior—, ¿está segura de que pagó por todo? —Inspeccionó las bolsas de mi carrito. Un cliente con prisa pasó junto a nosotros con la cabeza baja. Quise responderle, pero no pude. Me miró a la cara y esperó, tenía una mano sobre mi carrito y con la otra sostenía el intercomunicador cerca de la boca.

El cerebro se me aceleró tratando de hallar palabras o frases para salvarme. *Enojo*. Enójate. Debe serte fácil enojarte.

—*Por supuesto* que pagué por todo —dije enojada— ¿Quiere ver mi recibo? —saqué la barbilla hacia él, pero en lugar de quedarse quieta, segura de sí misma, empezó a balancearse de arriba a bajo como muñequita en el tablero del coche.

Él suspiró y se metió el intercomunicador en el arnés de la cadera.

—No, no necesito ver su recibo, señora —sus ojos jóvenes se veían paternales. Me pregunté si era suficientemente grande como para tener hijos.

—Lo que tengo que ver es lo que hay en su bolso.

Por supuesto que Target tenía cámaras ocultas. Qué idiota fui. No había que hacer nada más que decirles la verdad. Contuve la respiración y abrí el cierre de mi bolso.

—Oh, Dios mío —exhalé—. ¿Cómo llegaron aquí? ¡Debí pensar que eran los míos y los puse aquí por error! Mi voz chillaba como si hubiera inhalado un tanque de helio.

Puso los ojos en blanco igual que un policía cansado que hubiera escuchado toda excusa posible por ir casi cincuenta kilómetros por encima del límite de velocidad. Extendió la palma.

Se los puse en la mano, conduje el carrito hacia mi coche y recé para no vomitar en el estacionamiento.

P.D. Para esos momentos, mis amigos de Minnesota están leyendo tus cartas diariamente. Muchos las han pasado a sus amigos y familiares, todos oran por ti y creen en un milagro, Deb. Qué grandioso.

Mas a mí, afligido y miserable, tu salvación, oh Dios,
me ponga en alto.

—Salmos 69.29

Probando las aguas

El sol se ponía cuando llegué al parque; sus destellos rojos se colaban por entre las hojas de los altos robles que salpicaban la ribera este del laguito. El bautismo parecía más un picnic familiar que un acto religioso. Había media docena de mesas alineadas de un extremo al otro en una sola fila. Los manteles florales se mecían con el viento, y los niños atrapaban los platos de papel que salían volando. Los moldes de Tupperware se apilaban uno encima del otro con pasteles cubiertos de papel de estaño que me recordaban que tenía hambre y que me había saltado la cena una vez más. Los integrantes del grupo completo parecían conocerse pues reían, se hacían bromas fácilmente y se pasaban la ensalada de papas.

Me sentí como una intrusa. Quise dar la vuelta y correr de regreso a mi coche. Yo no tenía nada que ver con esa gente, y todo eso del *bautismo por inmersión* me parecía espeluznante. La única razón por la que me encontraba allí era porque Michael y Patrick iban a pernoctar por primera vez en el nuevo condominio de su padre y no podía soportar estar sola en la casa. Y no tenía ningún otro lugar a donde ir.

«Gracias por venir con nosotros esta noche a nuestra ceremonia anual de bautismos». Kevin, uno de los pastores senior,

89

estaba de pie junto a un micrófono frente al pabellón principal del parque. Tenía un pedazo de hamburguesa con queso en la mano.

«Estamos emocionados al presentarles a seis miembros de nuestra comunidad que han decidido bautizarse hoy. Primero, van a contarnos sus historias y lo que los llevó a esta decisión antes de que descendamos todos al lago». El anuncio amplificado sonaba extraño en ese lugar a la intemperie y con los niños que chillaban: «Más alto», mientras los empujaban en los columpios cercanos.

Kevin asintió con la cabeza y una adolescente delgada como una vara caminó hasta el micrófono, llevaba unos *jeans* que le quedaban grandes y que le colgaban bajo el ombligo. Su corta blusa sin mangas acentuaba su piel más blanca que la de Blancanieves. Debido a la gran cantidad de pintura en los párpados, no podía saber si tenía los ojos abiertos o cerrados. Sostenía en la palma una gruesa pila de tarjetas que me hicieron preguntarme si estaríamos allí toda la noche.

«Yo era adicta al *crack* y viví en las calles durante casi un año», anunció. El micrófono chilló y Kevin se inclinó para ajustar el dial en el amplificador. Ella se aclaró la garganta y pidió un poco de agua antes de seguir leyendo sus tarjetas.

«Mis padres me corrieron de la casa porque abandoné la escuela, y no quería dejar de drogarme. Pensé que me odiaban, así que les correspondí odiándolos. Lo único que me hacía sentir bien era drogarme, así que prácticamente hice todo lo que pude para lograrlo.

No podía creer que nos estuviera hablando acerca del uso del *crack*. Pensé que se suponía que ese era el momento en el que se hablaba acerca de lo mucho que Dios nos ama a todos y por qué querían bautizarse. ¿No era de eso de lo que se trataba la iglesia?

«Cuando me embaracé solo podía pensar en hacerme un aborto porque era muy joven para tener un bebé. Ni siquiera tenía una cama en dónde dormir yo, así que ¿cómo iba a conseguir una para un bebé?», dudó, mirándonos como si estuviera verificando que escuchábamos. Yo sí, seguro.

Nunca había escuchado a nadie decir cosas tan personales frente a la gente. Secretos que yo nunca diría.

«Pero algo dentro de mí seguía diciéndome que mejor me fuera a casa y que les contara a mis padres», su voz se fortalecía a medida que leía una tarjeta tras otra, hablando de su rehabilitación de la droga, el nacimiento de su hijo y su reintegración a su familia. Unas cuantas veces quitó la mirada de sus notas para sonreír a la fila de enfrente. Cuando terminó, un hombre y una mujer se levantaron para detener a un pequeño infante que se les había escapado. Corriendo hacia ella descalzo, gritaba: «Mami, mami... mi mami», la abrazó por las rodillas con los brazos regordetes. Ella tomó a su hijo, le besó el hombro y exclamó: «Mírenlo, qué hermoso es. Caray, ¡estoy impaciente por sumergirme!», nos saludó agitando los brazos. A grandes zancadas se dirigió hacia su familia como si hubiera ganado una medalla olímpica. Merecía una, pensé yo.

La siguiente persona era padre de cuatro hijos. Tenía unos treinta y tantos años y pelo rubio bien cortado, parecía un golfista profesional con una sonrisa Kodak y una camisa polo dentro de sus pantalones cortos perfectamente planchados.

«Mi esposa ha asistido a este templo durante los últimos seis años, yo me rehusaba a acompañarla porque pensé que era su *asunto* —su voz era profunda y dulce, de esas que se usan en los comerciales de café—. Pero todo cambió cuando mi padre murió —se le descompuso la cara, retrocedió del micrófono y se aclaró la garganta. Murmuró una disculpa, y Kevin se apresuró junto a él para tranquilizarlo—. Estaba tan enojado con Dios por haberse llevado a mi papá que pensé que nunca lo perdonaría. De niño, se me enseñó a agradecer a Dios por todas las cosas buenas que pasaban; después de la muerte de papá, empecé a culparlo por las cosas malas, también».

Nunca había pensado en ello. Me preguntaba si yo me sentiría mejor si comenzara a culpar a Dios. ¿Me culpaba a mí misma por mi divorcio y por todas las otras cosas horribles que pasaban en mi vida cuando podría haber culpado a Dios? Probablemente es un profesional en eso de aceptar la culpa y eso nunca lo molestaría.

«Tras un año de vaciar mi enojo con mi familia y de condenar a Dios en cada oportunidad que tuve, mi esposa finalmente dijo: «Quizá ya es hora de que vengas al templo conmigo. Si tienes que seguir atacando a Dios, ¿por qué no lo haces en su casa y no en la nuestra?».

Todos rieron.

Bill nos hizo un recorrido a través de las etapas de su sanidad, nos contó la historia de cómo en el templo se reconectó con un amigo del colegio y de que se sorprendió anticipando la llegada de los domingos. Luego invitó a su esposa e hijas a ponerse de pie junto a él. La de cuatro años, de rubio cabello rizado como el de su mamá, le extendió la mano hasta que él la levantó. Las dos hermanas de en medio jugaban pateando una botella de agua vacía y la mayor se paró cual vigía al lado de su madre.

«Primero, quiero agradecer a mi esposa por no rendirse, por no dejarme y por llevarme al templo —envolvió los hombros de ella con el brazo que le quedaba libre, la miró a la cara con tanta intensidad que de mi corazón saltó un latido—. En segundo lugar —su voz se hacía más profunda a medida que él se enfocaba en la cara de ella— quiero agradecer a los miembros de este templo por enseñarme tanto acerca del amor. Siempre he amado a mi esposa y mis hijas y he tratado de ser un buen padre, pero nunca imaginé que podría amarlas tanto —las lágrimas le fluían libremente como ríos por la cara— y esa es la razón por la que estoy aquí hoy». Sollozó: «Dios me hizo mejor en esto de amar».

En la loma todos se levantaron de un brinco para aplaudir y vitorear. Se enjugó las lágrimas en las camisetas de sus hijas y besó a su esposa mientras las hijas mayores hacían un círculo alrededor de ellos, aplaudiendo como el resto de nosotros.

Después de la historia final, Kevin llegó a grandes pasos hasta el micrófono.

«Fiuuu —exclamó como si hubiera completado un maratón—. Gracias a todos los que han tenido la valentía de estar aquí esta noche y presentar sus testimonios —hizo una pausa e inclinó la cabeza—, oremos».

Kevin oró y yo permanecí con los ojos cerrados para concentrarme en el ritmo de las olas que lamían la ribera mientras mis viejos recuerdos religiosos me invadían. Sentí nostalgia por las tradiciones en las que no había pensado en veinticinco años. Meter las manos en un depósito de piedra lleno de agua bendita, helada sin importar qué tan sofocante estuviera la iglesia. Hincarse. Hacer la señal de la cruz. La confesión. La comunión. Había algo reconfortante en esas tradiciones, y había una comunidad que las compartía. Extrañaba todo eso.

Cuando todos se reunieron en la arena de la ribera para presenciar el bautismo propiamente dicho, permanecí atrás, en la colina, sintiéndome una vez más como una intrusa. El viento no había cejado y el cielo se ensombrecía con amenaza de lluvia. Estaba segura de que el lago estaría helado, pero nadie parecía darse cuenta. Los niños actuaban como tales en la playa. Se perseguían unos a otros, pateaban la arena y practicaban surf. Los adolescentes con sus múltiples *perforaciones* en las orejas, con cabellos de colores extravagantes y ropa digna de un personaje folclórico, se reunían en corrillos para conversar. Cuando Kevin caminó lago adentro hasta que el agua le llegó a la cintura, luchando contra las olas, me pregunté cuánto tiempo tardarían los labios en ponérsele azules.

«En realidad no está tan mal —reía, abrazándose a sí mismo—. Vengan, ¡entren!».

Uno a uno, los seis presentadores entraron al agua fría. Algunos de sus amigos y familiares enfrentaron el lago con ellos.

Cuando le llegó el turno a Bill, caminó de la mano de su esposa. Justo antes de que Kevin lo inclinara para sumergirlo, su hija mayor, que esperaban en la orilla, gritó: «¡Alto!». Corrió en las punzantes aguas para reunirse con ellos. Noté que había olvidado quitarse los zapatos.

La ceremonia fue simple y rápida. Una oración, tápate la nariz y sumérgete. Nadie se quejó de la fría temperatura. Nadie corrió por cobijas tibias ni toallas. Se tomaron su tiempo, abrazaron a los pastores y a sus familiares, a quienes habían soportado las frías aguas y habían permanecido a su lado. Bill extendió los brazos hacia el cielo como en mi escena favorita de *Rocky*, cuando finalmente llega hasta el escalón de la cima. No habrían celebrado más si hubiesen alcanzado el monte Everest. Aperchada desde lo alto de la colinita de cara a la playa, yo estaba segura de algo: quería algo de eso que ellos tenían fuera lo que fuera.

También Jesús fue bautizado; y orando, el cielo se abrió.

—Lucas 3.21

Lejos en un pesebre

Querida Deb:

En 1982 me mudé a Grecia para trabajar en el crucero *Stella Solaris*. En mi segunda semana a bordo, el barco se detuvo en Haifa, una ciudad al noroeste de Israel desde donde se ve la bahía del Mar Mediterráneo. En la plataforma que estaba fuera de las puertas de seguridad, los autobuses con aire acondicionado automático iban y venían, en espera de pasajeros ávidos de recorrer tierra santa. Belén. Jerusalén. Nazaret. Pueblos en donde Jesús había caminado y había vivido.

En vista de que la compañía de cruceros esperaba que yo experimentara todas las excursiones de la costa, me suscribí al *tour* por Belén. El corazón me latió cada segundo del recorrido de dos horas por el desierto. Estaba ansiosa por poner pie en la tierra en la que había nacido Jesús. Estaba ansiosa por ver el pesebre. Cuando llegamos a Belén, nuestro autobús hizo su recorrido por los angostos carriles atestados de un extremo al otro de puestos que vendían *souvenirs* de Jesús. Casi ensartamos una mesa con una colección de ángeles de plástico que atraía la atención con un letrero de neón en lo alto que anunciaba «$1.00» de manera intermitente. Negué con la cabeza. Nunca pensé que Belén sucumbiría ante las baratijas como había ocurrido en las cataratas del Niágara. Una vez que nuestro autobús pasó el callejón de los turistas, poco a poco avanzamos la pronunciada colina hasta la Plaza del Pesebre.

Solo que no había pesebre. Ni posada. Muros de piedra de doce metros, una mezquita y filas de autobuses turísticos, pero ningún pesebre. En cuanto desembarcamos, se nos guió hacia la Iglesia de la Natividad, una enorme estructura de piedra caliza que parecía una fortaleza. Había sobrevivido a años de invasiones, incendios y terremotos. Había sido reconstruida sobre un viejo templo, encima de otro templo aun más antiguo. Nuestro grupo estaba alineado fuera de la entrada principal, frente a un arco de piedra llamado Puertas de la Humildad. Era un pequeño umbral rectangular construido para impedir que jinetes y maleantes pudieran entrar y robar. Desde que se construyó la primera iglesia en el año 326, la gente ha saqueado algunos artículos y pedazos del muro, con la esperanza de tener un fragmento de Jesús. La entrada de casi un metro de alto y con forma como de hoyo de madriguera era tan pequeña que tuve que encorvarme para atravesarla.

La iglesia estaba fresca y oscura en el interior y sus altas paredes estaban cubiertas con antiguos óleos. Miré a mi alrededor; nada de pesebre todavía. En su lugar estaba la Gruta de la Natividad, bajo la Basílica, en donde hay un altar justo en el lugar donde nació Jesús. En el sótano. Mientras descendía por los escalones en espiral que conducían a la santa caverna, sentía que me sonrojaba. Me sentía ridícula. ¿Cómo pude haber pensado que el pesebre aún existiría después de casi dos mil años? Yo tenía treinta y mi deseo por ver el pesebre tal y como lo había imaginado en la infancia era simplemente tonto.

De pie sobre el piso de mármol observé la plateada estrella de catorce picos en cuyo centro había una única llama que señalaba el lugar en el que había nacido Jesús. La inscripción en latín que estaba grabada en la estrella decía: *Hicde Virgine Maria Jesus Christus Natus Est:* «Aquí nació Jesús de la Virgen María». Cerré los ojos e incliné la cabeza. Quería decir algo significativo. Una oración. Algo sagrado. Pero más que eso, quería que algo sucediera. Quizá una visión. El niño Jesús envuelto en un halo habría sido suficiente. O centellas acompañadas de ángeles que cantaran «*Gloria in excelsis Deo*». Pero no pasó nada. Ahí estaba yo, de pie en el preciso lugar donde Jesús había nacido, y no era capaz de pensar ni decir nada.

Regresé al autobús con aire acondicionado sintiéndome decepcionada del recorrido. El piso de mármol y la estrella plateada de la gruta parecían una falsificación y una exageración cuando lo que yo esperaba hallar eran los restos del pesebre de mi infancia. Mientras el autobús descendía la colina alejándonos de la Plaza del Pesebre, apoyé la cabeza hacia atrás y recordé la Navidad en la calle 26 este. Tenía doce años. Podía ver el techo de paja y los tablones miniatura que conformaban las paredes del pequeño portal que mi mamá ponía orgullosamente cada año. Recuerdo al niño Jesús envuelto en un pequeño retazo de tela acostado en un montículo de heno, y me acuerdo de cómo mis hermanas y yo jugábamos en la casa con él y que ese año lo perdimos y no olvido a mamá gritando: «¡No habrá Navidad sin Jesús!». Y recordé que sí habíamos tenido Navidad aunque aún no habíamos hallado a Jesús. Papá decoró el árbol. Mamá preparó platos con deliciosos camaroncitos, cubitos de jamón y frituras. Llevábamos todos pijamas iguales y comimos docenas de galletitas azucaradas con forma de arbolitos de Navidad y reímos al ver que sus chispas verdes nos pintaban la lengua de un color tan oscuro como el pino marca Scotch con luces que estaba frente a nosotros. Pero lo que más recordaba era a mamá y a papá sentados uno al lado del otro en el sofá, tomándose de las manos. Habíamos apagado las lámparas para que las luces del árbol brillaran como estrellas en nuestra sala a oscuras mientras bailábamos al ritmo de *Navidad*, el nuevo disco de los hermanos Osmond. Cuando llegó «Noche de paz», dejé de bailar y miré a mis padres. Mi mamá apoyaba la cabeza en el hombro de papá, y sus ojos parecían soñar. Papá cantaba «Noche de paz, noche de amor...» y recuerdo haber sentido como si fuera a llorar, pero no estaba segura si se debía a que estaba feliz o a que estaba asustada de que el momento terminara.

> *Pero el ángel les dijo: No temáis; porque he aquí os doy*
> *nuevas de gran gozo, que será para todo el pueblo.*
> —Lucas 2.10

La lista

Querida Deb:

Querida Deb:

Mi amiga Karen me desafió la primavera pasada durante una vigorosa caminata:

—Escribamos cinco cosas por las que estemos agradecidas al final de cada día. Nada obvio, como nuestros hijos o nuestra casa. Seamos específicas, escribe cosas que ocurrieron ese día, cosas sencillas que agradeces. —Caminamos lado a lado a lo largo del bulevar Lakeshore. Junto a nosotros, un desfile de coches pasaba silbando, lo que hacía difícil la conversación.

—Seguro... parece una buena idea —grité, un poco agitada por tratar de seguirle el paso—. ¿Qué crees si te mando un correo electrónico con mi lista cada mañana y tu me mandas la tuya?

Karen y yo habíamos participado en otros desafíos antes. *Ahorrar dinero. Orar más. Perder peso. Retribuir. Beber menos vino. Gastar menos dinero. Estar en forma.* Pero esto era diferente. Tenía que mostrar mi responsabilidad diariamente. Lo que significaba que tenía que hacerlo con intención y tenía que ser agradecida.

Fue fácil el primer día. Mi lista incluía la caminata con Karen, el billete de diez dólares que había hallado en el bolsillo de mi impermeable y el aguacate maduro de mi ensalada. El segundo día olvidé ser agradecida hasta que estuve lista para irme a la cama. No había sido un buen día de trabajo para mí. Cualquiera fuese el tiempo que permaneciera sentada para escribir, me sentía como un minero que escarbara buscando oro en una mina exhausta. Al tallarme las mejillas con mi limpiador facial suavizante pensaba: *Caray... ¿cuáles son las cinco cosas por las que estoy agradecida hoy? No lavé los platos, no archivé el montón de facturas que prometí arreglar desde hace un mes, en vez de pasear al perro, tomé una siesta. Estuve rígida frente a la computadora todo el día y todo lo que escribí fue basura, inútil basura. ¿Cómo voy a dar con cinco cosas por las cuales agradecer?*

Bajé pesadamente las escaleras para asegurarme una vez más de que la casa estaba bien cerrada, como el fuerte Knox, una rutina obsesiva que empecé a desarrollar cuando mis dos hijos se fueron a la universidad. Puertas, verificadas. Ventanas, verificadas. Mientras pasaba frente al bañito, me horroricé al ver una vela aún encendida. La puerta estaba firmemente cerrada y la luz de la vela hacía que el cuarto estuviera cómodo y calentito, bañándolo con un reflejo ámbar, una llama que podía haber incendiado el papel tapiz mientras dormía. La soplé y la apagué con agua fría. Mientras el agua corría a chorros, oré. *Gracias, Dios, por permitirme ver esta vela.* Gracias por protegerme. El corazón me golpeteaba mientras me apresuraba de un cuarto a otro para asegurarme que otras velas estuvieran apagadas.

Envuelta en la seguridad de mi cama, pensé en lo afortunada que era, en lo que habría podido ocurrir si no hubiera verificado las cosas. Golpeé la almohada, sorprendida por estar somnolienta pese a esa deliciosa siesta en el sofá. Mi fornido perro labrador negro se me acercó para recibir su palmadita de buenas noches en la cabeza.

—Perdona que no te saqué a pasear hoy, amiguito. Mañana será otro día —me tocó la cara con su pesada cabeza. Pasé los dedos entre su grueso pelaje negro y le di masaje en el cuello. Cuando tuvo suficiente, se fue a su cama. Se rascó y pateó su cojín hasta que encontró el lugar más confortable, allí se dejó caer de golpe y gimió. Antes de dormirme, escribí mi lista en la mente.

Cinco cosas por las que estoy agradecida hoy:

1. *Las siestas por la tarde*
2. *Las rutinas obsesivas*
3. *La protección de Dios*
4. *Un perro que me quiere aunque no lo saque a pasear*
5. *La enumeración de cinco cosas por las que estoy agradecida.*

P.D. Por lo que estoy más agradecida hoy es por ti, Deb. Por tu valentía, tu impresionante ánimo y por tu credulidad en los milagros.

❧

Tengamos gratitud.

—Hebreos 12.28

La vela del amor

Querida Deb:

Michael cumplió cuatro años unos cuantos meses antes del primer cumpleaños de Patrick. Juntos hicimos un pastelito redondo de chocolate para el hermanito bebé. Lo glaseamos con chocolate amargo de la marca Godiva, cacao y mantequilla, y Michael lo decoró con chispitas de colores variados y minúsculos caramelos M&M. Mientras le cantábamos a Patrick «Feliz cumpleaños», él se sentó en su sillita alta y agitaba los brazos de arriba a abajo como si estuviera dirigiendo una sinfonía. Sus ojos castaños brillaban luminosos con la luz que estaba frente a él, proveniente de una única vela. La sopló, hundió profundamente el puño en el pastel, tomó un puñado de chocolate viscoso y se lo llevó a la boca con alegría.

Al día siguiente, Michael se despertó antes de lo habitual. A pesar de que no era muy temprano, esa mañana de enero estaba todavía oscura como la noche, yo estaba sentada a la mesa de la cocina leyendo el periódico y tomando mi taza de té irlandés para el desayuno.

—Mamá, estoy triste —dijo Michael mientras se acomodaba en mi regazo. Acababa de terminar mi cereal. Michael metió el dedo en los restos de leche del tazón y lo lamió hasta dejarlo limpio.

—¿Tuviste una pesadilla, mi amor? —pregunté. Le toqué la frente por si estaba confundiendo sentirse triste con sentirse enfermo.

—No, no soñé, mami. Estoy triste porque creo que ahora que Patrick está aquí puedes quedarte sin amor —sollozó y me enterró la cara en el pecho. Yo peiné sus sedosos rizos con los dedos y empecé a mecerlo hacia adelante y hacia atrás, algo que nos calmaba a ambos desde que atravesaba su etapa de berrinches.

—Nunca voy a quedarme sin amor, mi vida. Tengo suficiente amor para ambos, para ti y para Patrick —le besé la cabeza. Olía a manzanas recién cortadas.

Me miró con sus mejillas humedecidas con las lágrimas y sus ojos llorosos.

—¿Cómo sabes que tienes suficiente amor?

—Espera aquí —lo senté en la silla de al lado, para que pudiera verme mientras iba por cuatro velitas de uno de los muebles del comedor. Las puse frente a Michael, una por una.

—Esta vela de aquí soy yo —señalé la primera—. Esta es papá, esta eres tú y la última es Patrick. —Las coloqué en una fila frente a él, una familia de velas sobre bases de latón. Encendí mi vela primero.

—La flama de mi vela es mi amor, querido. Observa lo que pasa cuando la comparto con papi. —Encendí la vela de él usando la mía. Michael abría cada vez más los ojos mientras veía las dos flamas centelleando en concierto junto a su cara. Seguí encendiendo las otras dos velas usando la vela mami hasta que las cuatro velas danzaban con luz.

—¿Se está apagando la vela? —le pregunté.

Michael se puso de rodillas para examinar la llama. Inclinaba la cabeza hacia la izquierda y la derecha mientras observada el brillante resplandor amarillo.

—No, mami, tu fuego no puede apagarse —dijo— es muy, muy brillante.

Cambiaré las tinieblas en luz.
—Isaías 42.16

Perfectamente imperfecta

Querida Deb:

—¡Ven a ver, Margie querida! —gritaba mamá con el acento escocés que provenía de su lengua materna y que sonaba muy coloquial. Se agachó a la mitad de la carretera abandonada.

—Arrodíllate aquí a mi lado por un momentito —indicando el pavimento agrietado junto a ella. La brisa atrapó el vuelo de su ligero sombrero blanco y se lo estrelló en la frente. Mi caminata favorita con abuelita era en esa vieja carretera estrecha y llena de curvas que solía ser la carretera Kings Highway 69. De un lado, se vislumbraba una gran pared de piedra a lo alto, del otro lado un pequeño lago emanaba zumbidos de la vida pantanosa. Libélulas de tenues alas y cabezas color esmeralda revoloteaban por encima de los lirios acuáticos, en busca de insectos para el almuerzo. Algunas andaban enganchadas por parejas. Había docenas de lirios color blanco crema en plena floración, sus corolas flotaban como tazas de té en brillantes platos verdes.

—¿Sabías que una pequeña hormiguita puede soportar veinticinco veces su peso? —preguntó abuelita—. Acaso no es maravilloso —una sola fila de hormigas señalaba un camino a centímetros de sus adecuados zapatos para caminar con cordones.

—Eso sería como si tú trataras de cargar el refrigerador. ¿Crees que podrías hacer eso, Margie? —Una de las hormigas dejó caer una semilla ámbar cuyo tamaño duplicaba el del insecto. Dio la vuelta, lo recogió y siguió detrás de las otras.

—¿Lograrán todas estas hormigas atravesar la carretera? —me volví hacia el estanque para ver si podía descubrir dónde empezaban.

—No se rendirán hasta que lleguen a su nido. Viven en colonias, querida, poblaciones de hormigas, y todas se ayudan unas a otras —abuelita pujó mientras se ponía de pie.

—Ah... ay —suspiró—.Tantas cosas *pequeñas* en este enorme mundo de Dios

Caminé sobre la orilla del estanque y arrojé al estanque un guijarro de pizarra del tamaño de un puño. Retrocedí saltando cuando el salpicar del agua casi me llega a la cara.

—¡La umbelífera está floreando! —abuelita se paró a la orilla del camino en medio de un grupo de flores blancas casi tan altas como ella. Mi papá bromeaba al decir que cualquiera era más alto que abuelita. Yo era aproximadamente unos treinta centímetros más pequeña, pero sabía que ella siempre sería más grande que yo, pese a lo que yo creciera.

—¡Vamos, Margie. Recojamos algunas para llevar a casa!

Había miles, un ballet de delicadas flores balanceándose sobre sus rectos tallos musgosos y verdes, delgados como espaguetis.

—Algunos la llaman hierba —estiró los brazos y pasó las manos por encima de las flores—. Son flores silvestres, no hierbas. En inglés se les llama encaje de reina, en honor a Anne, una fuerte y hermosa reina a la que le gustaba tejer encaje.

Me acerqué una flor hasta mi rostro. ¡Olía a ensalada! Me sorprendió, hasta que noté que las hojas del tallo, en forma de plumaje, se parecían al perejil que crecía en el jardín de abuelita.

—Pueden parecer frágiles, pero créeme, querida, se cultivan en cualquier parte. Entre un montón de espinas, en lechos de roca, en el campo de una granja —abuelita enfocaba la mirada y verificaba el camino hacia enfrente—. En el mundo de Dios, no tienes que parecer fuerte para serlo. —Se quitó los gruesos lentes y los pulió con la cinta de la blusa amarilla cuya orilla traía atrapada bajo la falda.

—Ah... aay, ya lo sabías, ¿no, *pequeña* Margie? ¿o no, gallinita? —me miró de reojo—. No dejes nunca que nadie te llame hierba solo porque no vienes de un jardín cultivado.

—¿Qué es ese lunar en el centro, abuelita? —una pequeña manchita roja sobresalía en el centro de cada flor.

—Ahhh, ahora bien, eso es toda una historia, querida —abuelita pellizcó el tallo de una de las flores con las uñas hasta que tronaron—. Un día la reina Anne se picó con la aguja mientras tejía su preciado encaje, y la sangre manchó la labor en la que estaba trabajando. —Abuelita me dio las flores y sonrió—. Ese punto nos recuerda cuánta belleza puede haber en la imperfección.

Perfección de hermosura, Dios ha resplandecido.
—Salmos 50.2

El café y el ministerio

Querida Deb:

Finalmente accedí a tomar café con Ruth, la pastora asociada de mi nuevo templo.

La cafetería que elegimos estaba llena. Había mamás dándoles sorbitos a su café con leche mientras hacían equilibrio con sus infantes en las rodillas. Algunos hombres de negocios se tomaban su café negro de un trago mientras respondían correos electrónicos en sus laptops. Me senté ante una mesa para dos, frente a un fuego crujiente, tan ardiente que sentí que las mejillas se me sonrojaron. Mi silla se mecía de un lado al otro cada vez que cambiaba el peso debido a las losas disparejas del piso.

Ruth me preguntó algunas cosas simples acerca de mi infancia, de dónde era y mis antecedentes relacionados con la iglesia. Explicó que una de las mejores partes de su trabajo era conocer gente nueva en el templo, incluso los que, como yo, no habían ido a la iglesia en más de veinticinco años.

Algo tiene eso de tomar café a solas con un ministro que hace que tus secretos salgan de sus escondites. Confundí café con confesión y le dije todo a Ruth. Le conté acerca de mi divorcio, de mis fantasías escapistas. Le dije que deseaba ser monja cuando estaba en secundaria y cómo es que había estado bebiendo demasiado vino tinto para conciliar el sueño. También le conté sobre mi madre.

—Mi madre tenía veinticinco años y cuatro de nosotros no cumplíamos seis todavía cuando tuvo su primer tratamiento sicológico. Mi papá la llevaba al hospital en la mañana y la recogía después del trabajo. Se sometía a shocks como paciente externa en 1958, si es posible imaginarlo. Mi trabajo era mantener a mis hermanas en silencio cuando regresaba a casa porque los tratamientos la hacían dormir mucho.

Ruth daba sorbitos a su té.

—Debió haber sido mucho trabajo para una niñita. ¿Cómo conseguías mantenerlas en silencio?

—Les contaba historias —no le dije a Ruth que no teníamos libros en la casa, que aprendí a leer con el catálogo de Sears. —Teníamos ese enorme sofá maltratado que nos sostenía a las cuatro. Nos abrazábamos y yo inventaba cosas... ya sabe, historias acerca de tener superpoderes, mundos lejanos. Inventaba lo que fuera necesario para mantenerlas calladas.

—No puedo imaginar qué duro fue para ti, Margaret. Debiste haber tenido una infancia desafiante, si acaso la tuviste —Ruth murmuró mientras extendía la mano para ponerla sobre la mía.

El contacto me regresó a la realidad. Estaba mortificada y le había dicho demasiado a Ruth. Ese Café Caribou era un lugar que yo frecuentaba, un sitio en donde Vivaldi luchaba por hacerse oír por viejos conversadores, un lugar en donde la charla rebotaba en las cúpulas del techo a manera de eco. No propicio para una confesión.

Apenas conocía a Ruth, y aquí estaba yo, contándole mis secretos, demasiados. Aparté la mano de la mesa y me excusé para ir al baño. Cuando regresé, Ruth había recogido la mesa y estaba escribiendo algo en un pequeño diario con espiral. Tambaleante, me volví a sentar en mi silla y decidí que no iba a responder ninguna otra pregunta. Me volteé para tomar mi chaqueta del respaldo de la silla cuando Ruth me detuvo.

—Quiero orar por ti, Margaret —extendió el brazo para tomarme de la mano y cerró los ojos antes de que yo pudiera exclamar «¿Orar?».

¿Aquí? ¿En la mesa?

¿A la luz del día? ¿En el lugar al que suelo venir?

Ruth oró en voz baja pero con intensidad, parecía una actriz, estrella de cine clásico, muy bien entrenada.

—Señor adorado, te agradecemos por Margaret.

Pensé en Dustin Hoffmann en El graduado, «Señora Robinson, ¿está tratando de seducirme?».

Incliné la cabeza solo un poquitito, porque pensé que si ambas teníamos la cabeza baja, la gente pensaría que estábamos leyendo el *grafiti* de la mesa o que estábamos concentradas en un problema serio, como la manera de acabar con la hambruna mundial. Nunca dejé de echar vistazos a diestra, siniestra y al frente, para ver si algún conocido estaba mirándonos.

Ella siguió:

—Me siento muy bendecida porque trajiste a Margaret a mi vida y porque me haya concedido el honor de contarme sus historias. Tú ya sabes acerca de su infancia y de su pobre madre enferma, Señor, y sabes lo que le duele en este momento. Ella siente que la vida es imposible por el divorcio que le parte el corazón, por eso te pido que la ayudes, Señor. Ayuda a Margaret a ver que todo saldrá bien y que todo es posible para ti.

Las lágrimas amenazaban al rímel y no estaba segura de qué era peor, si llorar u orar en público. Quería taparme la cara con las manos y arrastrarme debajo de la mesita para dos. Bajé la mirada y vi migajas de pan, una servilleta manchada y un chupón con una agarradera rosa. Consideré meterme el chupón a la boca.

Después de ese primer café, seguí yendo al templo de Ruth. Por alguna razón, me remitía al regreso a casa tras unas largas vacaciones, cuando respiras los olores propios de tu casa y te detienes por un momento para decir: «Caray, qué bueno es estar en casa».

No veía a Ruth cada domingo, pero ella me llamaba cada semana para darme el mismo mensaje, contestara o no el teléfono.

«Hola, querida Margaret. Pienso en ti y quiero que sepas que te quiero y que Dios te quiere más», enfatizaba *querer*, como si fuera una canción romántica de Elvis Presley, lo que siempre me hacía sonreír.

P.D. Te quiero, Deb. Y Dios te quiere más.

Nosotros le amamos a él, porque él nos amó primero.
—1 Juan 4.19

Motown mágico

Querida Deb:

Cuando Michael estaba en el décimo grado, me pidió ayuda para un proyecto musical. Cada estudiante tenía que entrevistar a sus padres y completar una lista de quince de sus canciones favoritas. La clase iba a comparar las listas con base en el año en que los padres habían nacido. Michael me dijo que mi lista no podía estar totalmente llena del género musical llamado Motown, lo que veía como algo vergonzoso.

Tenía cinco días para completar la tarea. ¡Me encantó que me pidiera contribuir con un proyecto escolar! Los días en que yo era la encargada del salón de mi hijo y que fungía como voluntaria acabaron cuando Michael entró a la escuela secundaria. Se trataba de un gran ajuste: de ser la mamá que traía galletas para toda la clase a ser la que hacía como que no sabía cuando sus amigos andaban por allí.

No dejé de escuchar música durante cinco días. Limpié la casa a ritmo de Motown, cociné con música clásica y leí por la noche con música de películas y con ópera. Después de tres días, había reducido mi lista a cien canciones. ¿Cómo iba a poder escoger quince favoritas cuando tenía tantas? Era más difícil que escoger mi comida predilecta. Queso de cabra. No, esperen. Papas fritas. No, ¡chocolate!

Dos semanas después de que Michael me diera la lista, mencionó al pasar que yo no era la única que incluía más de una canción Motown. No volvió a hablar del asunto, y olvidé el proyecto con todo el ajetreo del cercano Día de Acción de Gracias y la Navidad que se avecinaban.

La mañana de Navidad, Michael esperó hasta que los regalos se hubieran abierto antes de darme una cajita muy bien envuelta en papel metálico dorado. La abrí mientras comentaba acerca de la hermosa envoltura y de lo mucho que me gustaba el papel dorado. Cuando levanté la tapa de la caja, suspiré con sorpresa. Había un disco compacto entre el papel blanco, como un precioso huevo plateado en un nido. Michael había escrito *Los preferidos de mamá* con marcador negro.

Eso fue diez años atrás, todavía suspiro cuando recuerdo cómo Michael orquestó su regalo de amor. Cada vez que escucho alguna de esas quince canciones y Michael está junto a mí, nos miramos y sonreímos.

Cantaré y entonaré salmos; esta es mi gloria.

—Salmos 108.1

P.D. A continuación la lista de *Los preferidos de mamá,* el disco está un poco desgastado, ¡pero funciona!

- «Ain't No Mountain High Enough»
- «Old Time Rock 'n' Roll»
- «Canon de Pachelbel»
- «Time to Say Goodbye»
- «Las cuatro estaciones de Vivaldi»
- «Sublime gracia»
- «Heard It Through the Grapevine»

- «Cuando un hombre ama a una mujer»
- «What a Wonderful World»
- «There's a Place for Us»
- «Billie Jean»
- «Nessun Dorma de Pavarotti»
- «My Girl»
- «You're the First, the Last, My Everything»
- «People»

Fabuloso

Querida Deb:

—¡Siempre he querido uno de esos! —exclamó Lisa. Abrazaba al exuberante y rico cuello de la bata blanca de tela de toalla y pasó junto a mí como una modelo de pasarela. Era difícil creer que mi hermanita pequeña tuviera catorce años, y aun más que yo acababa de cumplir treinta y dos. Lisa fue la única de las cinco hermanas que heredó el gen de la altura. Con su estatura y su figura delgada, podría haber honrado la portada de la revista *Seventeen*. Tenía el cutis fresco y lleno de pecas color canela que le bailoteaban a través de la nariz. Pero eran los atentos ojos pardo rojizo, siempre en busca de aprobación, los que hubieran atraído a cualquier adolescente que estuviese hojeando las páginas de la revista en busca de una mejor versión de sí misma.

—*Necesito* una... Necesito usar una bata como esta después de ducharme. ¿Me puedo llevar esta también? Lisa se dejó caer en la cama junto a su pila de tesoros. Dos discos de jabón de lavanda francés envueltos en papel amarillo y numerosas botellitas llenas de cremas lujosas y aceites de tocador. Al igual que la bata que llevaba, todo tenía el monograma del león dorado, el escudo del Hotel Carlton Ritz de Montreal.

—Lo siento, mi amor. No puedes llevarte a casa la bata. Las batas no son de cortesía. La puedes usar cuantas veces quieras, pero se queda en el hotel.

Lisa regresó de un brinco al cuarto de baño para buscar más artículos del hotel. Su emoción me agotaba. Había perdido el entusiasmo por los hoteles de cinco estrellas después de demasiados días en salones de conferencias llenos de extraños y demasiadas noches solitarias de servicio de cena a la habitación. Pese a lo emocionante que fuera la ciudad, yo regresaba a casa al mismo departamento vacío cada semana. Debieron haber pasado dieciocho meses desde que dejé Grecia y mi hogar a bordo del *Stella Solaris*. Había pasado un glorioso año navegando el Mediterráneo haciendo paradas en las islas griegas, Egipto e Israel, lugares que había soñado ver. Una vez instalada de regreso en Canadá, como gerente de ventas, estaba emocionada por enviar a otros a los lugares más maravillosos del mundo, pero tras dos años de tocar las puertas de los agentes de viajes, la sonrisa del director de la compañía de cruceros lucía más extenuada que mi equipaje.

Montreal era el inicio de otro periodo de cuatro semanas maratónicas de ventas que implicaba seminarios en una docena de ciudades. En lugar de volar de ciudad a ciudad, coordiné un viaje por carretera a través del este de Canadá e invité a Lisa a pasar el verano conmigo. Saltó ante la oportunidad. Para ella, la vida de las ventas de lujosos cruceros a ricos y famosos era fabulosa. No tenía idea de lo solitaria que estaba yo. Nadie tenía idea. Ni siquiera mi familia sabía que lo único que yo realmente quería era conocer al señor Perfecto y tener los hijos del señor y señora Perfectos. A los treinta y dos, temía que pasaría sola el resto de mi vida.

Cuando Marc se me acercó en Montreal, yo no podía creer que me hubiera elegido a mí, con todas esas otras bellas mujeres en la habitación. Con su bronceado tez morena, su chaqueta deportiva tipo marinero y su suave camisa blanca, lucía como si hubiera estado disfrutando de una bebida en el club de yates y no asistiendo a un desayuno en un hotel durante un seminario para cientos de agentes de viajes. Acepté su invitación a cenar cuando incluyó a Lisa.

—¿Cómo fue trabajar y vivir en un crucero? —Marc estaba sentado cual sardina entre Lisa y yo en una mesita de *bistro* que era para solo dos personas.

—Ahhh... vivir en un crucero fue *increíble* —dejé el *increíble* volando en el aire, con la esperanza de que él se convenciera de que lo fue—. Lo que quiero decir es que el Mediterráneo fue *fabuloso*. Me despertaba un día en Turquía, el día siguiente en Egipto... y Santorini es *tan* sorprendente. Puedes tocar el cielo en ese lugar. —Di un sorbo a mi vino tinto, con cuidado de que no me goteara sobre la barbilla—. Era un hotel flotante de cinco estrellas, y como yo estaba a cargo de la mesa del capitán, conocía a gente de lo más *fabulosa*... un juez de la Suprema Corte de Estados Unidos, una condesa de Dinamarca y a algunas celebridades —Marc no preguntó quiénes (algo que todos preguntaban), así que continué, segura de que diría algo que lo impresionaría—. He estado en Jerusalén seis veces, pero ya la conocía tan bien, que terminé por rentar una limusina cuando tuve tiempo libre y estuve allí por un tiempo.

Lisa tosió y miró hacia el techo. Una luz azul flotaba por encima de la cabeza. Éramos una de las pocas mesas en las que nadie fumaba. Marc me preguntó algo acerca de El Cairo, pero después de eso permaneció en silencio. Empezó a echar miradas a su reloj, yo continuaba hablando para llenar el silencio. Estaba segura de que podría impresionarlo con mis aventuras en un baño turco en Estambul o con la tormenta que casi voltea al *Stella Solaris* en la ribera francesa.

Cuando terminé mi postre, me di cuenta de que Marc no era el único que estaba en silencio. Lisa no había pronunciado palabra en toda la cena. Después de un brusco adiós, hizo señas a un taxi frente al restaurante; Lisa y yo decidimos caminar de regreso al Ritz Carlton. Era una perfecta noche de verano, la tibia brisa parecía una invitante cobija que incitara a dormir bajo las estrellas.

—¿Qué piensas de Marc? —le pregunté. Me olí la palma de la mano con la esperanza de que oliera a la esencia de maderas de nuestro apretón de manos de despedida.

Lisa se había detenido frente a un zapatería cuyo aparador parecía una fiesta de cumpleaños. Listones y banderolas colgaban del techo como una lluvia brillante. Se anidaban en torno a sandalias de cueros más coloridas que un tazón de caramelos de frutas tropicales.

—Está bien —murmuró Lisa— pero *tú* estuviste rara.

—¿Qué quieres decir con rara? —me inquietaba que hubiera empezado a hablar un poco de francés o de griego mientras coqueteaba con Marc, algo que había hecho sin darme cuenta a mi regreso a Canadá.

—Estuviste tan *extraña* —exclamó Lisa—, era difícil reconocerte. Solo hablabas de cuán *fa-bu-lo-sa* es tu vida, de cuánto has viajado y qué importante es la gente que conoces —lanzó las palabras como si fueran piedras, cada una más pesada que la anterior. Quería cubrirme el rostro con las manos.

—No dejaste a Marc hablar nunca. Todo lo que hacías era bla, bla, bla esto y bla, bla, bla aquello —Lisa dio un zapatazo—. ¡No me extraña que no tengas novio!

La miré apabullada. Yo no era *extraña*. Efectivamente *fui* a todos esos lugares. Estaba siendo *yo* misma durante la cena. ¿Acaso no tenía un trabajo *fabuloso*? ¿Por qué Marc tendría que saber más que eso de mí? Me di la vuelta y me alejé de Lisa, temerosa de que si hablaba me desataría y arruinaría el inicio de nuestra aventura.

—Margie, ¿por qué no puedes ser simplemente tú? —me gritó—, solo sé tú y todos te querrán como te quiero yo.

Lisa tenía razón. Durante años actué como si tuviera una vida perfecta y no necesitara de nadie. Sabía que así impediría que la gente se me acercara demasiado. Pero estar consciente de ello no era suficiente para dejar de hacerlo. Toda mi vida había buscado la comodidad en la tierra *fa-bu-lo-sa*. Sin importar qué tan agotador resultara actuar como si la vida fuera grandiosa, yo nunca abandonaba la esperanza: si continuaba fingiendo que lo era, finalmente lo sería. Tenía miedo de que si le daba voz a ese corazón que Lisa amaba, delataría la verdad de mi infancia y yo ya no sería la misma.

Lisa me alcanzó y me dio un golpecito en el hombro. Cuando me volví para ver sus ojos atentos, quise envolverla con los brazos y decirle que la amaba por ser tan valiente y sincera, decirle que tenía razón. Pero los brazos era centinelas apostados a mis costados, y las palabras se me atascaban en la quijada como una bola de goma de mascar demasiado grande para masticarse.

—Oye —dije— ¿por qué no buscamos un cafetín que esté abierto y nos comemos unos *croissants* de chocolate?

Inspeccioné la calle, la tomé del brazo y nos fuimos saltando al Hotel Ritz Carlton.

El hombre mira lo que está delante de sus ojos, pero
Jehová mira el corazón.

—1 Samuel 16.7

Encantadora

Querida Deb:

No estaba segura de qué era lo peor en cuanto a mudarse en mayo, si empezar en una nueva escuela cuando solo faltaban siete semanas para las vacaciones, o que mi padre nos dejara una vez más.

Era una larga caminata desde nuestro departamento a la escuela del Sagrado Corazón, y aunque ensayé dos veces el proceso de vestirme, llegamos tarde nuestro primer día. Mis hermanas y yo tuvimos que esperar en el vestíbulo frente a la oficina del director, desde donde observamos el desfile de estudiantes que pasaban frente a nosotros sin ninguna prisa por llegar a sus salones de clase. Miré mis zapatos desgastados e inmediatamente deseé no haberlo hecho. Tenía algo enredado en el cordón del zapato y la maraña estaba pegada a mi calcetín a la altura del tobillo. Quería desprenderme de los calcetines y arrojarlos a la basura antes de conocer a mi nueva maestra. Pero mi mamá decía que solo los protestantes usaban zapatos sin calcetines.

Cuando la hermana Ignatius me acompañó hasta mi salón de cuarto grado, el maestro Lees apuntaba con un bastón el mapa de Europa que colgaba frente al pizarrón. Me sonrió al verme.

«Gracias, hermana», dijo. Pensé que quizá yo también debería agradecerle, especialmente porque llegamos tarde, pero cuando me volví se había desvanecido en una gran nube negra.

El maestro Lees me guió hasta la fila de adelante. Me puso las manos sobre los hombros.

«Clase, ella es Margaret Malcolmson. Acaba de cambiarse de la escuela St. John. He oído que tiene cien por ciento en ortografía».

Alguien resopló desde la parte de atrás del salón, y una bonita niña con una cinta púrpura en la cabeza y una larga y espesa cola de caballo se giró para encararlo.

«Robert, eres un cerdo —se retiró la cola de caballo con el dorso de la mano, luego se estiró para ajustarse el tobillo del calcetín. Fue en ese momento que noté sus zapatos. Cintas negras en T con tacones de dos centímetros y medio de alto. Verdaderos tacones dignos de la princesa Anne. Inmediatamente quise ser su amiga.

«Y en caso de que estén interesados, el examen final de ortografía *de ustedes* es en tres semanas», el maestro Lees se movía hacia el escritorio vacío frente mí. ¡La primera fila! Mi lugar favorito para sentarme. Me encantaba la primera fila porque detestaba perderme algo que el maestro pudiera decir. Pero en cuanto me senté ante el escritorio, supe que el maestro había cometido un error al ubicarme ahí. En el lapicero había dos gordos lápices nuevos, con la punta tan filosa como una osada aguja. Un borrador rosado nuevo, un depósito de tinta nuevo. Quería abrir el cuaderno de composición para inhalar el olor a papel nuevo, un olor más limpio que el de ropa recién lavada en el tendedero. Pero no toqué nada. Pertenecían a alguien más.

Sonó la campana del recreo, y treinta y cinco niños se alinearon junto al pizarrón, potrillos briosos en espera de la carrera hacia la libertad. Yo permanecí en mi escritorio.

Cuando el salón se vació, el maestro Lees se puso de pie a mi lado.

—¿Ocurre algo malo, Margaret? —sus amables ojos eran del mismo color caqui que sus pantalones de vestir. Los dobladillos estaban deshilachados y oscurecidos en las secciones que arrastraban por el suelo.

—¿Está seguro de que este es mi escritorio? —pregunté—. Estos utensilios deben ser de alguien más. Todo es nuevo.

—Son para ti, Margaret. Quise darte un regalo de bienvenida para que sepas qué contento estoy de tenerte en mi clase. Llamé a tu profesora de St. Johns para saber algo acerca de ti, y me dijo lo mucho que te gustaba escribir historias —se alejó y comenzó a cepillar el pizarrón.

—Ese es tu escritorio y esos son tus utensilios escolares, si los quieres.

¿*Si los quiero?* ¡Dos cuadernos de composición nuevos para mis relatos, lápices nuevos con punta y un borrador con los extremos limpios!

—Ahhh, por cierto —azotó el cepillo contra la pierna como si estuviera apagando un incendio—, tu maestra también me dijo que era encantador tenerte en su clase y que yo era afortunado al tenerte en la mía.

Esa noche escribí la primera entrada en mi nuevo cuaderno de composición. Escribí: *Encantadora. El maestro Lees dice que lo soy.* Lo escribí en la última página, para tener algo que anticipar cuando lo hubiera llenado con mis relatos. Me prometí que no daría la vuelta a esa última página aunque nos mudáramos una vez más. Y no lo hice, porque ocurrió algo chistoso: cada vez que abría mi cuaderno, cualquiera fuese la página en que estuviera, podía escuchar al maestro Lees: *Eres encantadora.*

Manzana de oro con figuras de plata es la palabra dicha como conviene.

—Proverbios 25.11

¡Es un milagro!

Querida Deb:

Desde siempre, según puedo recordarlo, me ha encantado la magia. Siendo una niñita, era la que más fuerte exclamaba ooo-hhh y aaahhh cuando el mago metía la mano en el sombrero y sacaba miles de pañuelos vibrantes de seda. ¿Cómo cabían tantos pañuelos en un sombrero de copa negro? ¿Cómo amarraba todos esos nudos si yo lo estaba observando tan de cerca? ¡Me encantaba todo ese misterio!

Con los años, aprendí a descubrir la destreza de la mano del mago cuando tiene en la palma una pelota roja de espuma, y más de una vez lo he sorprendido deslizando la moneda dorada en su muy almidonado puño. Descubrir el truco alimenta mi ego, pero también me pone triste perder el misterio que me encantaba de niña.

¡Gracias a Dios por los milagros! Los milagros son inexplicables, y nadie puede descubrir el truco. Los milagros parecen naturales, sin embargo, contradicen lo que conocemos de la naturaleza. Quizá es por eso que a la mayoría de las personas se les dificulta creer en lo que ven y en vez de eso prefieren la duda al asombro. Yo no. He visto un águila con sus ojos como cuentas de ámbar sobrevolar treinta metros por encima de un lago alimentado por las aguas de un manantial y lanzarse a toda

123

velocidad para atrapar un pececillo que estaba concentrado en sus asuntos treinta centímetros por debajo de la superficie de las oscuras aguas. He visto floraciones de botones de azafrán con pétalos color lavanda, delicados como pestañas de bebé hacerse camino a través de la nieve húmeda y crujiente. Milagros ambos.

Quizá es de esperar que los milagros insten al niño que llevamos dentro para recordarnos que ese misterio es mágico. ¿Qué misterio mayor que el de hacer que un ciego vea? ¿O alimentar cinco mil personas hambrientas con solo cinco hogazas? Hoy, cuando leo las narraciones de los milagros de Jesús, no pregunto cómo lo hizo, ni busco una explicación lógica como lo hacía con los ilusionistas de mi infancia. Mi fe me dice que Jesús lo hacía porque es Dios. ¿Misterio? Sí, pero como decía Einstein, lo más hermoso que podemos experimentar es lo misterioso.

Los milagros también constituyen la manera en que Dios llama nuestra atención. Yo sé que llamó la mía. Es un milagro que esté aquí.

Dos personas han tratado de matarme. La primera fue mi madre. Cuando se divorció a los dieciocho años de edad estaba embarazada de mí, la vergüenza para una chica católica era apabullante. Sintió que su única opción era aventarse desde un piso alto de unas escaleras de concreto para matar al bebé. Mamá resultó golpeada y con moretones, pero mi minúsculo corazón continuaba latiendo. La segunda persona que trató de terminar con mi vida fui yo. Veintiséis años después, yo estaba en la misma situación que mamá. Bajo circunstancias diferentes, pero de todas maneras sentí como si no tuviera opciones. En una lluviosa noche dominical, planeé conducir mi coche más allá del desfiladero de la montaña. Oprimí el acelerador hasta el fondo y a toda velocidad manejé hacia el desfiladero hasta que llegué a la apertura que había elegido para guiar mi pequeño Volkswagen a través del muro de contención rumbo al negro vacío. Cuando intenté girar el volante, no pude. Se atoró. Lo tomé con ambos brazos y apliqué todas mis fuerzas, pero no cedió. No recuerdo cómo, pero mi carrito se las arregló para manejarse de regreso a casa.

Milagro. La sola palabra evoca imágenes de sanación, de salvación. Milagro. Regalos celestiales concebidos en el cielo. Solía creer que había grandes y pequeños milagros. Pero no estoy tan segura de que Dios los mida. Ya sea al ayudar a un ciego a ver o al diseñar los ojos del águila, creo que con cada milagro Dios nos habla a nosotros. *Abre los ojos. Mira. Aquí estoy.* Hace treinta años en una oscura noche lluviosa, cuando la vida me hacía sentir que no tenía alternativa, un milagro me mostró que sí la tenía.

¡Oh, Deb! Somos muy bendecidas porque los milagros están en todos lados. Gracias por pedirme que creyera en el tuyo.

El cual hace cosas grandes e inescrutables; y maravillas sin número.

—Job 5.9

Dios se revela

Querida Deb:

En la tarde de Navidad, caminaba por toda la casa, de cuarto en cuarto, como una perra madre que hubiera olvidado que sus cachorros habían sido adoptados. Michael y Patrick pasaban su primera Navidad con su papá. Todos mis conocidos en Minnesota iban vestidos con sus mejores galas dominicales, compartían tradiciones con su familia y cantaban alegremente, como debe ser. Yo todavía llevaba mi pijama rosado de lana, el de los gatitos que beben Martini. Los pijamas fueron mi uniforme por meses.

Deambulé hasta la cocina para poner la tetera y vi a mi pobre gata enredada en un embrollo en el piso de madera. Mittens había derribado una de las tarjetas de Navidad que estaban pegadas en la puerta que da al sótano. Estaba fuera de sí, tratando de sacudirse una tarjetita que se le había atorado en la pata delantera, y mientras más la agitaba, más se le enredaba y más se le adhería al pelo. Me senté en el suelo, murmullando dulcemente hasta que dejó de forcejear, y la ayudé a quitarse la cinta adhesiva y la tarjeta.

La tarjeta era de mi pastora, Ruth. La había recibido por correo esa mañana en medio de montones de saludos navideños de la compañía de limpieza, de gas, del teléfono y del proveedor de electricidad. Todos me deseaban una temporada alegre y un exitoso Año Nuevo, aunque les debiera dinero. La tarjeta de Ruth se destacó porque era muy sencilla. Era más pequeña que las otras y toda blanca, salvo por un grabado de cinco centímetros en la que aparecía un bebecito en un pesebre. Debajo del grabado se veía la palabra *amor* con una escritura tan fina que parecía un susurro.

La tarjeta estaba en blanco excepto por un mensaje de puño y letra de Ruth. Su escritura pequeña con letritas perfectas al estilo maestra parecían filas de recordatorios.

> *Feliz Navidad, Margaret.*
> *Mi regalo para ti es Lucas 1.37*
> *Amor, Ruth*

No tenía idea de lo que era Lucas 1.37, pero me reí de su descarado intento por hacerme volver a leer la Biblia. Había introducido una a hurtadillas en mi buzón aquel otoño, de ladito, entre las facturas y las ofertas de limpieza de chimeneas y anuncios para ponerse en forma. Su notita amarilla adherida en la portada decía: «Léeme durante quince minutos diarios». Me recordaba la nota de *Alicia en el país de las maravillas*: «Bébeme», y me pregunté qué pasaría si la leía.

¿Como podía esperarse que yo leyera la Biblia si no podía concentrarme lo suficiente para leer cómo hornear en el microondas una pizza congelada? Respirar habría resultado imposible si hubiera tenido que concentrarme para hacerlo. Mittens se me recostaba y ronroneaba mientras yo le deslizaba la mano por el lomo y observaba haces de pelo suelto flotar detrás de su cola.

Abrí la tarjeta de Ruth una vez más. *Mi regalo para ti es Lucas 1.37*. Quise llamarla para preguntarle qué caramba era Lucas 1.37, pero se había ido a Paraguay a trabajar en una misión durante las vacaciones. Cerré la tarjeta y la pegué una vez más en la puerta del sótano, donde había estado pegando tarjetas cada Navidad por los últimos quince años. Ese año, todas las tarjetas me apuntaban. Los alegres San Nicolás y las fotos familiares con parejas felices, niños bien peinados y perros labradores me parecían una barata falsificación.

Deseé que Ruth estuviera en la ciudad. La necesitaba para no olvidar esa promesa que me había hecho de que Dios me ayudaría a través de mi divorcio. Necesitaba que ella me dijera: «Te quiero, Margaret. Y Dios te quiere más», porque a medida que observaba esas tarjetas pegadas en la puerta del sótano, me daba cuenta de que por primera vez en mi vida, no sabía qué hacer. Me sentía como si fuera a desintegrarme cual papel sanitario. Me echarían agua y me iría por el caño. Cancelé el té y me apresuré a vestirme para una caminata. Tenía la esperanza de que las gélidas temperaturas de Minnesota entumieran mi dolor.

Nieve fresca cubría el prado delantero de mi casa como una cobija de pelo. Las únicas manchas eran algunos rastros de un conejo juguetón que se interceptaban unas con otras. Incluso el negro de las carreteras recién limpiadas era blanco, pues el suelo congelado prevalecía contra el sol.

Veinte minutos después, me di cuenta de que había subestimado el punzante frío, quizá esa era la razón por la cual no había nadie caminando. Los dedos de los pies me hormigueaban como si fueran a dormírseme, y las yemas de los dedos se sentían como si las hubiera sumergido en agua helada. Necesitaba un lugar para calentarme.

Me alegró que algunas boutiques de la calle Lake aún estuvieran abiertas para las compras de último minuto. Entré en Hung Queens, una tienda establecida en un bungalow renovado. Sonó una campana por encima del umbral anunciando mi llegada cuando me introduje en la tierra de las maravillas navideñas. Por todos lados había lucecitas blancas que titilaban como un bosque navideño lleno de luciérnagas; también había panqués en forma de corazón y ángeles en platones de cristal, y en una pesada bandeja de plata, había una alta montaña de fresas cubiertas de chocolate. El aroma de enebro recién cortado, canela y manzanas me hicieron añorar a mi abuelita, que había muerto siete años atrás. La abundancia de la Navidad cubría todas las superficies de la tienda. Granadas y naranjas mandarinas se amontonaban en tazones plateados, y me recordaban las fiestas de Navidad que solíamos dar cada año con nuestros vecinos. En ese tiempo en el que yo tenía una vida.

Una hermosísima rubia vestida con un invernal traje blanco con pantalón de lana canturreaba un villancico junto con el Coro del Tabernáculo Mormón. Su lápiz labial escarlata contrastaba fuertemente con su traje blanco.

—¡Feliz Navidad! —exclamó—, ¿estuvo afuera caminando con este tiempo? —Se pasó la mano por la cara y yo noté su manicure y las uñas esmaltadas del mismo rojo escarlata.

Yo parecía una refugiada de Siberia. Por apresurarme a salir de la casa, había tomado la gorra de lana para esquiar de Michael y la había halado por debajo de las cejas. Me había envuelto una bufanda de tartán alrededor de la cara para protegerme la boca y la nariz. Y llevaba lentes de sol lo suficientemente oscuros como para alertar a un *paparazzi*.

—Escuché que la sensación térmica desciende a casi menos treinta grados Fahrenheit —continuó mientras yo me retiraba la bufanda de la cara. Me pregunto si ella pensará que yo soy un chico, por el cabello metido en la gorra de Michael y su chaqueta de esquiar, que engullía mi estatura de uno sesenta. Detestaba verme tan andrajosa en Navidad. Quería verme tan linda como ella. Quería haber usado maquillaje, un traje de diseñador y tacones espectaculares.

—Ahhh es solo que me dieron ganas de salir a caminar con toda esa actividad en casa. Mis hijos están ocupados envolviendo regalos, mientras sus amigos juegan Nintendo, figúrese que es la víspera de Navidad —una gran mentirota. La misma que le decía a todo el mundo acerca de lo felices que éramos. Eché un vistazo a su argolla de matrimonio y al diamante del tamaño de un autobús escolar y supe que tenía hijos y un marido en casa, que era lo único que yo quería.

Caminó hasta una mesita y me ofreció sidra caliente, la que tomé agradecida para calentarme los dedos. Noté que su mercancía era una mezcla de viejo y nuevo, y sentí que podía haber estado en mi propia sala. Antiguos óleos de flores, viejos candelabros de cristal y espejos enmarcados en oro que eran muy similares a los míos.

—¿Había estado en la tienda antes? —preguntó.

—No, pero había escuchado acerca de ella. Colecciono antigüedades y me encantan las cosas que tienen una historia qué contar. Aunque no necesito nada en particular —me dirigí a un armario pintado de azul y lleno de blancos color crema; luché contra la urgencia de preguntarle si no tenía algún marido a la venta en la trastienda, alguien que entendiera el significado de «Para siempre».

—Oiga —exclamó—, si le gustan las cosas con historia podría gustarle la pintura que acabo de poner esta mañana.

¿No pudo darse cuenta por mi aspecto que yo no estaba allí para comprar? ¿Que lo que yo necesitaba no podía comprarse? Se volteó y se estiró para quitarlo de la pared. Lo tomó con las dos manos para apreciarlo.

—Es una vieja acuarela, sin fecha, pero me recuerda una de esas pinturas de «Hogar, dulce hogar»... ya sabe, nostalgia como esa —estiró los brazos para examinarlo a más distancia.

—Solo que nunca antes he visto esto en una pintura... ¿sabe usted algo sobre la Biblia?

Dejé de darle traguitos a mi sidra y traté de mirar, pero ella se había apartado para tomar un sacudidor. Dejó la pintura en el mostrador.

—Es un fragmento de la Escritura y es bastante precisa porque llamé a mi socia esta mañana y le pedí que lo buscara en la Biblia —sonrió—. Yo no estaba familiarizada con ella, pero quizá usted sí. Mi socia dice que es Lucas 1.37 —ella limpió el cristal.

Dejé mi taza y contuve el aliento. En mi mente veía a Mittens, la cinta adhesiva, la tarjeta de Ruth.

—¿Dijo Lucas 1.37? —bajé el cierre de mi chaqueta y me eché aire a la cara con la bufanda. Sonaba como si hubiera tenido laringitis.

—Sí, es lo que el dibujo representa —le dio vuelta para mostrarme—. ¿Ve?

Extendí el brazo y toqué el cristal. Era una vieja acuarela con un fondo color crema y con algunas manchas quizá de té derramado. De unos setenta y cinco centímetros de ancho y veinticinco de ancho, la pintura estaba enmarcada en madera blanca de poco más de un centímetro, resquebrajada y desgastada en las orillas. En una esquina, el artista había pintado un pequeño puente de madera que formaba un arco desde una isla rocosa hasta tierra firme, en donde unos cuantos pinos solitarios vigilaban la playa. El cuerpo principal de la pintura era el azul mar tranquilo, y al fijarse más de cerca en donde se unían el cielo y la tierra en el horizonte, se apreciaba que el artista había pintado tres líneas negras verticales de un centímetro de alto. Eran los mástiles de unos veleros que se encontraban a kilómetros de la costa, varados en un mar sin viento.

La sidra caliente había empezado a hacerme sentir somnolienta y la esencia de pino que llenaba la tienda me estaba molestando la nariz. Miré la pintura, incrédula, pero al mismo tiempo creyendo. Me sentí mareada y confundida, tal y como me sentía cuando un mago sacaba la reina de corazones negros de su cartera después de que yo la había firmado y la había roto en pedacitos.

Tenía razón en comparar la pintura a la labor de bordado tipo «Hogar, dulce hogar», porque lo que más sobresalía era el versículo. Por encima de la mar en calma, en letras góticas de diez centímetros, el artista había pintado:

Porque nada hay imposible para Dios.

Se lo quité de las manos. Necesitaba sentir su peso y asegurarme de que era real. Apenas escuché cuando ella continuó:

—Es bastante rústico, casi me quedo con él porque como que me gusta el mensaje, pero por alguna razón, pensé que debería ponerlo aquí afuera esta mañana...

Lo compré y lo traje a casa.

Después de buscar por una hora, encontré la Biblia de Ruth en el fondo del canasto de la ropa sucia. Busqué Lucas 1.37 yo misma, solo para estar segura. Pero mientras daba vuelta a las páginas, supe que sería exactamente como el de la pintura, y cuando lo hallé, acaricié las palabras y las leí una y otra vez.

> *Porque nada hay imposible para Dios.*
> —Lucas 1.37

La cruz cambiada

Querida Deb:

En un muy viejo poema titulado La cruz cambiada, cierta mujer se sentía abrumada por su vida. Se siente engañada, ciertamente, su cruz es más pesada que la de todos sus conocidos. Así que ora y ruega a Dios por poder elegir una cruz diferente. Dios le dice que sí, porque él es así. La lleva hasta un cuarto lleno de cruces de diferentes formas, tamaños y colores. Algunas están montadas en la pared, otras están reclinadas unas encima de las otras y había algunas amontonadas en altos montículos desde el suelo.

La mujer está extática; emocionada al poder escoger su propia cruz, una más acorde con su fuerza y sus habilidades. La primera que le llama la atención parece ser de la realeza. Es más pequeña que la mayoría, está hecha de oro y tiene rubíes, ópalos y diamantes incrustados. Pero al levantarla, casi se cae de espaldas debido a su peso. Encuentra otra cruz que parece tejida con flores frescas. Intenta hallar un lugar para asirla sin dañar los aromáticos brotes y cuando descubre un espacio, la toma con las manos para probar su peso. Debajo de las flores había espinas punzantes que se le enterraron en la piel, ella lanzó un gritito de dolor y de sorpresa.

La mujer va de cruz en cruz probando tantas como puede y las rechaza todas hasta que encuentra una simple cruz de madera. Es casi de su estatura, y la madera se ve pulida y suave en los lugares de apoyo para cargarla. No tenía decoraciones excepto algunas palabras inscritas en la base. La mujer la levanta y resuelve que es la más fácil de cargar. Aún pesada, pero manejable. Siente como si sus manitas hubieran estado hechas para sostenerla. Cuando se inclina para leer la inscripción, ve su nombre con una nota amorosa: *Hija mía, esta es tu cruz, la misma que has estado cargando, la que te pareció muy pesada cuando trataste de cargarla sola.**

P.D. Oro porque Dios aligere el peso de tu cruz durante estos nuevos tratamientos, Deb.

Y él, cargando su cruz, salió.
—Juan 19.17

_____

* Basado en el cuento de la lectura de 29 agosto en L. B. Cowman, *Streams in the Desert*, rev. ed. (Grand Rapids: Zondervan, 2008), p. 331 [*Manantiales en el desierto* (Miami: Vida, 1997)].

Corazón de estrella

Querida Deb:

Patrick tenía tres años, estaba anidado en mi regazo mientras yo le contaba un cuento cuando me miró y me preguntó:

—Mamá, ¿cuánto me quieres?

—Con todo mi corazón —respondí. Sus rizos rubios de fresa, suaves como los primaverales dientes de león me rozaban el cuello.

—¿Cómo se ve tu corazón? —me puso la mano en el pecho y tocándome con los dedos.

Patrick pensaba en términos de imágenes, pero yo estaba segura que comparar mi corazón con algo de la carnicería no era lo que tenía en mente. Le besé las yemas de los dedos mientras hurgaba en mi cerebro en busca de la imagen de un corazón.

—Mi corazón se ve como una estrella, cariño... la estrella más brillante del cielo.

Frunció las cejas.

—Pero las estrellas solo brillan en la noche. ¿Tu corazón solo trabaja de noche?

Le expliqué que solo porque no se puedan ver las estrellas de día no significa que no existen, las estrellas siempre alumbran. Patrick saltó de mi regazo y corrió hasta su clóset.

—Ven, métete conmigo, mamá, y apaga la luz. Quiero ver el brillo de tu corazón.

Porque Dios, que mandó que de las tinieblas resplandeciese la luz, es el que resplandeció en nuestros corazones.

—2 Corintios 4.6

Lectura de verano

Querida Deb:

Una mañana de verano, mamá me llamó a la cabaña para pedirme que le recomendara un libro. Me llevé el teléfono al exterior y me recosté sobre el barandal de la terraza. Nuestra ribera recibía la sombra de los altos pinos que rodeaban la cabaña, pero podía ver claramente a Patrick nadando con su esnórquel alrededor del muelle, su actividad veraniega más reciente. Su traje de baño de peces tropicales emitía un brillo neón en la superficie del lago tranquilo.

—Acabo de terminar ese último libro de Mary Higgins Clark que me diste —mamá masticaba chicle, media laminilla de Wringley's de menta, como siempre. Una dama nunca mastica la laminilla completa. Alcanzaba a oír en el fondo la canción «Be my Baby». Estaba viendo *Baile caliente* otra vez.

—¿Te gustó? —bostecé. El verano anterior, mamá había pasado un mes con nosotros en la cabaña y yo le había dado una lista de novelas que pensé le gustarían. Yo estaba decidida a hacerla leer algo diferente a los libros de autoayuda que solía leer y que solo la frustraban.

—Me gustó más *¿Dónde están los niños?* Era más emocionante. Todo el tiempo *lo supe*, ella no pudo haber matado a los niños.

137

También convencí a mamá de que obtuviera una tarjeta para la biblioteca, un boleto para hacerla salir de la casa. Cada año se le hacía más difícil dejar la seguridad de sus programas televisivos.

—¿Qué estás leyendo, Margie? —me preguntó—. Ya leí todo lo de la lista que me diste y necesito otro libro.

—Ahhh.... he estado leyendo el mismo libro todo el verano —respondí. Quería decirle qué era lo que estaba leyendo, pero no le había dicho a nadie aún. No estaba segura de cómo decirlo, especialmente a mi familia.

—Es una hermosa mañana aquí, mamá. Patrick ya salió y está al final del muelle, buscando a Boss —Boss era un enorme robalo de boca grande que vivía bajo nuestro muelle. Patrick lo adoptó y se convirtió en su guardaespaldas. Saltaba al lago gritando «¡Bala de cañón!» cada vez que un pescador se acercaba a nuestra orilla.

—¿Dijiste que habías estado leyendo todo el verano el mismo libro? Debe ser enorme.

—El más grande de todos —contesté, aún con la esperanza de que no preguntara. Nunca tuvimos una Biblia en la casa; crecí pensando que las únicas personas que leían la Biblia eran los sacerdotes o esos raros sabelotodo que se ponían de pie sobre una caja a manera de podio y que sostenían carteles en los que nos advertían sobre el fin del mundo.

—Usualmente eres una lectora veloz, Margie. ¿Cuántas páginas tiene?

—Mil setecientas dos —dije— te dije que era un libro grande, mamá —sabía que ella nunca consideraría leer un libro así de grande. Quizá ni preguntaría el título cuando supiera cuántas páginas tenía.

La escuché exhalar el humo en el teléfono. Casi podía olerlo, incluso a miles de kilómetros. Mamá no había cambiado su marca predilecta en años.

—Eso suena más como a una enciclopedia... o un libro de texto. ¿Es uno de esos largos libros históricos que cubren años y años, como el libro *Los pilares de la Tierra* que trataste de hacerme leer hace algunos años? No pude leerlo. Era como leer la Biblia, por favor.

Respiré profundamente y le dije que, de hecho, *yo* estaba leyendo la Biblia. Ruth me la había dado aquel otoño, y la traje a la cabaña aunque no la había abierto durante aquellos meses que estuvo en la casa. Me la pasé moviéndola de una habitación a otra como si fuera un florero decorativo que no sabía dónde colocar.

Mamá tronaba su chicle una y otra vez. Me recordaba a los niños cuando hacían tronar papel de burbuja, gracia que les encantaba hacer justo en mi oído.

—¿La Biblia? —gruñó—. Pero ¿por qué leerías tú la *Biblia*? Has estado hibernando desde tu divorcio, ¿y ahora quieres leer libros deprimentes? ¿Qué pasa contigo?

—Me estoy divorciando, mamá. Eso es lo que pasa conmigo. Pensé que estaría casada con David para siempre, ya lo sabes —me sorprendió no haber parecido a la defensiva. Quizá era porque acababa de leer los Salmos y por primera vez en mi vida sentía que no era incorrecto ser imperfecta. El rey David, el que escribió la mayoría de ellos, estaba lejos de ser perfecto, y era un «especialista del drama», como yo. Acababa de leer uno en el que le ruega a Dios que «golpee a sus enemigos en la quijada». Durante meses yo había querido pegarle a algo.

—Yo tampoco puedo creer que esté leyendo la Biblia, porque no es algo que hubiera imaginado que haría... nunca, mamá —continué—, no sé por qué pero me hace sentir como que ya no estoy sola.

—Bueno, no sé cómo puedes hacer eso. Todos esos leprosos y mendigos acostados uno al lado del otro en la carretera. Y al final matan a Jesús. ¿Cómo puede eso hacerte sentir mejor?

No era muy buena siendo sincera con mamá. Crecí con el aprendizaje de que mis sentimientos iban en el asiento que estuviera atrás del de ella y nunca lo desaprendí. Me estaba sintiendo valiente. Nunca perdí la esperanza de que mamá pudiera algún día entenderme, que pudiera realmente escucharme y ver que yo tenía sentimientos valiosos.

—Mamá, ¿sabías que toda mi vida he sentido como que me falta algo? A pesar de dónde viviera o con quién estuviera, añoraba eso que no podía identificar. Lo busqué en los hombres, con la esperanza que de alguna forma lo hallaría en el amor. Lo busqué en mi trabajo, que es la razón por la cual fui tan ambiciosa todos esos años. Y cada vez que viajaba a un nuevo país, tenía la esperanza de que estaba esperándome —tenía las palmas tan sudorosas que casi se me cae el teléfono. No podía creer que no me hubiese interrumpido todavía.

—Incluso después de que nacieron mis hijos, lo que me hizo más feliz de lo que hubiera podido imaginar, aún me sentía como que había algo más. Como si hubiera un gran secreto que la gente feliz guardaba, y que la hacía mejor que yo —miré a Patrick otra vez con su esnórquel sin otra preocupación en el mundo que lo que pudiera hallar en el fondo de nuestro lago con agua de manantial. Volví a sentir ese tirón familiar que me pone la garganta rígida y que me humedece los ojos cada vez que veo a mis hijos a la distancia.

—Algo me ocurre cuando leo la Biblia, mamá. El mundo parece un poco diferente desde que he estado leyendo las narraciones sobre Jesús. Quiero decir, siempre supe quién era, pero el leer cómo le hablaba a la gente lo hace más real. Era tan bueno y tan listo. Me parece increíble lo listo que era...

¡Ffffff...! Le dio una gran inhalada a su cigarro y sacó el humo en una gran exhalación.

—No me digas que te vas a convertir en uno de esos maniáticos de Jesús. Siempre pensé que tenías más sentido común como para eso. ¿Sabes? La Biblia no puede resolver tus problemas.

Si solo supiera que yo estaba tan devastada con lo del divorcio que hasta me habría afeitado la cabeza hasta quedar calva y habría tomado clases de pandereta si Hare Krishna hubiera tocado a mi puerta prometiéndome alivio.

—Oh Margie —continuó—, no hagas las cosas peores al quedar toda confundida con la religión. No puedes dejar que la Biblia interfiera con tu labor de madre. Debes dejar de ser tan egoísta con tus propios sentimientos y pensar en Michael y en Patrick. Tú no me viste volverme loca con la religión cuando tu padre y yo no divorciamos.

Tienes razón, pensé. *Ya estabas loca mucho antes.* Inhalé profundamente y decidí no picar el anzuelo, no engancharme en una conversación que no tenía resolución.

Al contrario, escuché el mismo discurso que había estado oyendo por veinticinco años desde que mamá y papá se divorciaron.

—Tuve que arreglármelas duramente para mantenerte a ti y a tus hermanas. ¿Sabes cuántas veces tuve que mudarme? Pese a cuán mal me fuera, yo era una buena madre. Tú y las niñas siempre tuvieron ropa limpia y comida en la mesa...

Consideré dejar caer el teléfono y meterme los dedos en los oídos de la misma forma en que hacían mis hijos cada vez que yo trataba de hablar de sexo con ellos.

—¿Saben tus hermanas que estás leyendo la Biblia? —preguntó mamá.

«Mis hermanas» eran la carta decisiva. Un acuerdo mayoritario con frecuencia podía hacer cambiar de opinión a mamá. Pero no había hablado con ninguna de ellas acerca de la Biblia aún, así que no contesté. Solo esperé y escuché el silencio en el otro extremo de la línea; me preguntaba por qué el silencio de larga distancia era tan fuerte. Un colibrí de brillante garganta roja pasó volando junto a mí, se dirigía a su comedero a pleno mediodía. Iba probablemente rumbo a casa de mi vecina de al lado, Jolene, en donde ella podría leer su Biblia todos los días sin tener que defenderse de nadie.

Imaginé a mamá colgando el teléfono y apresurándose a marcarles a todas mis hermanas para hacer una conferencia con las cuatro.

—Tu hermana perdió la razón —les diría.

¿Cómo podría alguna vez ser capaz de explicarle que yo no había *perdido* nada? Mejor dicho, había *hallado* algo. Algo que no podía ver ni tocar estaba cambiando esa parte de mí que siempre había estado esperando ser rescatada por un caballero andante.

Pensé en Ruth y sonreí. Me pregunto qué le diría a mi madre. ¿Le daría a ella una Biblia? ¿Le enviaría tarjetas navideñas con códigos? Estaba segura de una cosa. Ruth envolvería a mi mamá con sus brazos y la amaría de la misma manera en que me había amado a mí. Pobre mamá. A menudo decía que desearía tener cáncer. Pensaba que si lo sufriera, todos se compadecerían de ella porque verían cómo su enfermedad la devastaba y le vencía el cuerpo, ellos serían testigos del dolor que podría causar que ella deseara dejar de vivir. Pero la clase de dolor que tenía mi mamá no podía medirse o verse con rayos x. E igual que el cáncer, no tenía cura.

Me di cuenta de que Patrick había dejado de nadar y que estaba sentado en el otro extremo del muelle, balanceando los pies en el lago. Se había envuelto una esponjada toalla azul marino alrededor de la cintura, imitando a su padre después de una ducha. Tenía su esnórquel sobre la cabeza, y hablaba consigo mismo o con Boss.

Le dije a mamá que él me necesitaba, lo que hacía a menudo para concluir nuestras llamadas telefónicas. Suspiré y me despedí, deseando poder haberle dicho lo que me había pasado semanas atrás.

Había tomado la Biblia docenas de veces aquel verano, solo para dejarla otra vez sin abrirla. Temía que me frustrara, como Shakespeare. Lo más que podía soportar era al Dr. Seuss y su «Hoy tú eres tú, y eso es más verdadero que la verdad».

Resultó que leer la Biblia fue un auxilio.

Prozac instantáneo.

Me sorprendió con su sabiduría sencilla.

No te afanes por hacerte rico. ¿Has de poner tus ojos en las riquezas, siendo ningunas? Porque se harán alas como alas de águila, y volarán al cielo. —Proverbios 23.4–5

¿Cuántas amigas he visto que pierden su hogar? ¿Cuántas de ellas eran como nosotros y trabajaban más duro para reunir acciones bursátiles que para reunirse con su familia?

La mañana en la que leí ese versículo, Michael salió lentamente de la cabaña, bostezando como un viejo perro preocupado. El sol de verano ya le estaba dejando marcas, blanqueándole las puntas de su grueso cabello bien cortado. A sus trece años, era delgado, estaba bronceado y me sobrepasaba. Llevaba su traje de baño desgastado, su uniforme de verano.

—Buenos días, mamá. Lindo día.

Miró hacia fuera, por encima del lago mientras estiraba los brazos sobre la cabeza, con las palmas hacia el amplio cielo.

—¿Qué estás leyendo? —sonrió mientras tomaba mi taza de té, se tomó mis últimos sorbos, nuestro rito matutino.

—Mi Biblia... algo de los Proverbios —contesté—, ¿sabes lo que son los Proverbios, Michael? —Supuse que no lo sabría pues yo misma no lo supe hasta aquella mañana.

Se echó los restos de mi rosquilla a la boca y me contestó por encima del hombro, mientras se dirigía hacia el agua.

—Sí, son las reglas de la vida, se escribieron hace unos tres mil años. ¿No fue ese tipo que era un rey rico y que era hijo del tal David? Ya sabes, mamá. El de la honda... Sí el... o lo que sea.

Entonces como un venado asustado corrió a lo largo del muelle y se echó un clavado en el lago. Y en ese momento lo entendí. Lo entendí igual que muchas otras personas que habrán leído estas misma reglas para la vida de hace casi tres mil años. Reglas acerca de tomar demasiado vino, pagar impuestos, decir mentiras.

Sentada en mi silla modelo Adirondack en julio de 2001, con un libro entre las manos, un libro lleno de sabiduría y verdad, me di cuenta de que millones de personas habían leído las mismas palabras. Millones y millones. Me impresionó tanto ese momento de claridad que respiré con dificultad. Me sentí tan insignificante como un grano de arena y tan única como un copo de nieve, al mismo tiempo.

Observé a mi primogénito deslizarse a brazadas poderosas a lo largo de la costa de nuestro lago claro y poco profundo.

Me escuché murmurar: «*Ya lo sabía*».

Dios sabía hace tres mil años que seríamos iguales. Que continuaríamos anhelando las mismas cosas, que tendríamos las mismas necesidades y que necesitaríamos las mismas palabras sabias. Pensé en cuánta gente las habría consultado para resolver diferencias, para encontrar respuestas y significado en su vida. Y pensé en cuánta gente ha encontrado consuelo en ellas... personas con problemas, personas que están en guerra, personas lastimadas, personas heridas.

Personas como yo.

¿Pudo Dios haber sabido que yo estaría sentada en mi muelle en Spooner, Wisconsin, ese día, leyendo esas palabras que me aceleraban el corazón? ¿Estaba mirándome en ese preciso momento? Levanté la cabeza y la apoyé en la silla para ver el cielo matinal. Las hojas de un roble antiguo, cuya copa cubría parte de mi muelle, susurraban y, sin embargo, no podía sentir el viento. Un somorgujo llamaba a su pareja con un gemido de cacería. A medida que el sol de la mañana me calentaba la cara, me senté lo más quieta que pude, saboreando el momento. Quería decir algo profundo, pero lo único que vino a mi mente fue un suspiro.

—Hola, Dios.

Y el sol me hizo cosquillas en la cara con un millón de deditos que me bailoteaban en la piel.

Me buscaréis y me hallaréis, porque me buscaréis de
todo vuestro corazón.

—Jeremías 29.13

Mejor que el chicle bomba

Querida Deb:

Hace muchos años, una amiga mía tenía dificultades con un jefe que no sabía cómo controlar su ira. Si no estaba contento con el desempeño de un empleado, arrojaba su taza de café por la habitación sin que le importara dónde aterrizaría y mientras regresaba enojado a su oficina, le pegaba a cuanta silla vacía encontrara. El berrinche duraba días. Aunque mi amiga se esforzara para ayudarlo a encontrar otras maneras de lidiar con su ira, el jefe no cambiaba.

—Parece que no es capaz de perdonar ni la más mínima cosa —me dijo mi amiga—, y la gente que tiene un corazón que no perdona no puede amar con todo el corazón.

Cuando mi amiga renunció a su trabajo, pensé que estaba loca. En aquel entonces no me interesaba el corazón de mi jefe. Me importaba mi salario.

Pero algunas de sus palabras se me quedaron.

Un corazón que perdona.

El perdón es algo con lo que he batallado la mayor parte de mi vida. Sé las palabras y las he dicho a menudo, incluso me las he dicho a mí misma mientras mordía las cobijas con tanta fuerza que los dientes me dolían.

Te perdono.

Palabras simples. Pero a pesar de las veces que las haya dicho, nunca he estado realmente segura de lo que significaban. ¿Perdonar significa olvidar? ¿Me debilita el hecho de perdonarte? ¿Acaso perdonarte significa que yo te di la oportunidad de lastimarme una vez más? Me educaron para creer que el perdón era un don que yo debía darle a la persona que me hubiera lastimado, sin embargo, aquello se sentía como si le dieras un helado al niño que te molesta después de haberte empujado en el patio de recreo, ¿y por qué yo haría eso?

Cuando David se fue, traté de perdonarlo por el bien de Michael y de Patrick. Sabía que tener un corazón capaz de perdonar me evitaría amargarme y me ayudaría a ser mejor madre cuando me necesitaran más. Pensé que si oraba por David, automáticamente conseguiría un corazón capaz de perdonar, de la misma forma en que una moneda de cinco centavos me consigue un chicle bomba en una máquina expendedora. Así que oré. En aquellas noches terribles cuando el sueño parecía cada vez más lejano que el cielo, yo oraba por David una y otra vez. Oraba aun más en las noches en que me sentía fraudulenta porque sinceramente mi corazón herido no sentía una palabra de lo que estaba diciendo. Pero mis oraciones eran tan vacías como los espacios que se dejan en blanco en un examen para el cual no se ha estudiado, hasta que finalmente, dejé de orar.

En su libro *Gracia divina vs. Condena humana*, Philip Yancey dice que el perdón es un don que nos damos a *nosotros* mismos. Cuando leía que una vez que perdonamos a alguien verdaderamente por habernos hecho un mal, el poder para lastimarnos del cual goza el mal cesa, yo estaba rendida. Si era verdad, yo ya estaba lista para correr tras todo aquel que me hubiera lastimado y declarar: «*Te perdono, te perdono, te perdono*». El problema era que podía *decirlo,* pero no sabía cómo *hacerlo.* Mi noción del bien y del mal se interponía en el camino. Y pude haber estado atorada en ese limbo en el que permití que la culpa y la crítica reinara si no hubiera aprendido la cosa más importante de toda la sabiduría de

Yancey: al perdonar a alguien estamos confiando en que Dios es mejor que nosotros para impartir justicia. Esa era la parte que a mí se me escapaba mientras pronunciaba mis oraciones vacías una y otra vez.

Confianza.

❧

*Fíate de Jehová de todo tu corazón, y no te apoyes en
tu propia prudencia.*

—Proverbios 3.5

Las puertas abiertas

Querida Deb:

Los últimos dos años tuve citas regulares con mi papá. Cada lunes por la mañana llegaba a las ocho y media de la mañana, y tomábamos café y pan tostado con mermelada mientras jugábamos cartas. *Naipes*, un juego que me enseñó en la mesa de nuestra cocina cuando yo era niña. Él no era un papá de los que me «dejara» ganar, y yo me convertí en una de esas hijas que no se dejaría ganar aunque él cumpliera ochenta y uno ese año. Aunque durante estos últimos meses había pensado en dejarlo ganar, pues noté los efectos de la edad. Algunas veces las manos le temblaban tanto cuando sostenía sus cartas en forma de abanico que me preguntaba cómo podía ver lo que tenía. Pero papá es bastante listo, y se las arreglaría, lo que lo molestaba más que no ganar.

Esa semana, mientras él repartía las cartas, conversaba acerca de ese programa televisivo de concurso de talentos llamado *American Idol*, y me di cuenta de que nunca hablábamos acerca de nada serio. La mayoría de los lunes, entra por la puerta y pregunta por Michael y Patrick, justo antes de comentar el estado del tiempo. Da unos sorbos a su café, quizá menciona alguna película que vio recientemente con su amiga Barb, o me cuenta que los pollos rostizados están en oferta en la tienda Fortino. No hablamos sobre política, religión ni sentimientos, y nunca nos pedimos consejo.

Más de una vez deseé que fuera como el personaje sabio y desprendido de la serie televisiva de los sesenta *Father Knows Best* [Los padres saben más], o bien un benefactor financiero en quien poder confiar, pero nunca fue ese tipo de papá. Era uno que, cuando yo era joven, dejó mucho atrás. Pero al parecer ahora está aquí para quedarse, y después de veintiún años de alejamiento ha construido su camino de vuelta a mi corazón. He aprendido mucho de él al jugar cartas. Cosas que definen al hombre que ahora es, no el que solía ser. Cosas que definen su carácter y que siempre recordaré:

* Siempre está de buen humor.
* Nunca lo he escuchado decir nada malo de nadie.
* Nunca llega tarde.
* Cuando no me siento bien, me telefonea todos los días hasta que estoy bien y él lo sabe.
* Me alienta a continuar con mi biografía, aunque ha leído fragmentos que no lo describen de manera ideal.
* Cuando me disculpo por haber criticado algo, dice: «No te preocupes por eso. Ya lo olvidé».
* Se le humedecen los ojos cuando le cuento acerca de los actos de amabilidad.

La gente a menudo dice que las acciones son más importantes que las palabras. Papá llega cada lunes, llueva o truene. Y cada lunes me emociona abrir la puerta.

Hijitos míos, no amemos de palabra ni de lengua, sino de hecho y en verdad.

—1 Juan 3.18

Cada cosita

Querida Deb:

Después del divorcio, Patrick no podía dormir. Durante meses se echaba en el suelo junto a mi cama porque temía estar solo. Me mantenía despierta toda la noche con esas preguntas imposibles de los niños de diez años: «Si tuvieras que escoger entre ser ciega o sorda, ¿qué preferirías? Si solo pudieras tener un hijo, ¿lo llamarías Michael o Patrick?».

Consulté a nuestro pediatra, me dijo que era hora de que Patrick aprendiera a tranquilizarse por sí mismo y, aunque yo podía ayudarlo, tenía que regresar a su propia habitación. Intentamos con baños calientes, tazas de chocolate caliente, masajes de espalda y horas de lectura. Compré un disco compacto de *música clásica para dormir* y entoné las canciones de *Oliver* y de *Vaselina,* pero nada de lo que hiciera lo ayudaba a conciliar el sueño. Una noche, después de haber terminado de leer un cuento y cantar algunos versos de «¿Dónde está el amor?», me arrodillé en el suelo junto a su cama.

—Patrick, estaba pensando que esta noche deberíamos orar. Podemos pedirle a Dios que te ayude a dormir y a permanecer dormido. ¿Qué opinas? —Estaba en territorio desconocido, porque salvo en Navidad y Pascua, nunca había orado frente a nadie. La gente del nuevo templo al que íbamos oraban unos por otros todo el tiempo. Sus oraciones no eran palabras que se pudieran memorizar como el Ave María de mi juventud. Sus plegarias eran peticiones específicas; eran tan personales como tener una conversación con un amigo en el que confías, y yo tuve que morderme la lengua más de una vez y lastimar a amigos confiables, así que temía decirle algo incorrecto a Dios. Miré el cuarto de Patrick. Habría deseado tener una velita para encender una como las que prendía en honor a mamá.

Patrick cerró los ojos y esperó. Su confianza en mí me hizo sentir un peso y como si yo tuviera alas, al mismo tiempo. Cuando opté por la maternidad, sabía que «jugar con tus hijos» era parte del perfil del puesto, pero nadie dijo que «orar con ellos» estaba también en la lista. Había orado *por* mis hijos desde que dieron sus primeros resuellos, pero aquellas oraciones eran palabras privadas. Las palabras entre Dios y yo, en la oscuridad de la noche, cuando la cabeza se me llenaba de monstruos y de todos los peligros del mundo capaces de tragárselos.

—¿Mamá? —Patrick permanecía acostado sobre la espalda, con las manos dobladas sobre el pecho— creí que habías dicho que íbamos a orar. —Tenía los ojos cerrados todavía, y la cara contraída por la fuerza con la que los cerraba, por la nariz le salían pequeñas bocanadas de aire mientras se concentraba.

Inhalé profundamente y comencé: «Querido Dios, ¿puedes por favor ayudar a Patrick a dormir esta noche? Él es un buen niño, y necesita dormir para poder ir a la escuela», mis palabras tronaron en su carrera por llegar a la línea de meta. Patrick abrió un ojo. Sus manos seguían dobladas.

—¿Eso es todo, mamá? —un carro pasó por enfrente de la casa, sus faros iluminaron la habitación. Nuestra gata, Mittens, había hallado su lugar predilecto, hecha un ovillo a los pies de la cama de Patrick, su continuo ronroneo era tan hipnótico como las olas que lamían la arena.

«Oh, oh. Creo que olvidé el resto —murmuré—. Perdona, Dios —me aclaré la garganta—, ¿podrías, por favor, ayudar a

Patrick a dormir *todas* las noches? —puse la mano sobre Patrick y esperé a sentir el familiar sonido del aire llenándole los pulmones, el mismo desde que era un bebé—. Y ¿podrías, por favor, bendecir a Michael, a Mittens, a Mozart, a todos los amigos de Patrick... y a su papá? Gracias por tu ayuda, Dios. Amén».

Patrick deslizó las manos bajo las cobijas y haló la sábana hasta la barbilla. Se volteó dándome la espalda, tronó los labios y murmuró:

—Buenas noches, mamá... y gracias —le acaricié la cabeza, apagué la luz y cerré la puerta tras de mí.

A la mañana siguiente, Patrick estaba sentado a la mesa de la cocina, encorvado sobre su tazón de cereal Frutti Lupis, con crujidos más estruendosos que los de Mozart cuando come su alimento.

—¿Qué tal dormiste anoche, mi amor? —bostecé y abrí la llave para llenar la tetera.

—No me desperté ni una vez, mamá —le dio la vuelta a una de sus cartas de Pokémon y la colocó en el montón de las de *sí, ya la tengo*—. ¿Por qué esperaste tanto tiempo para orar por mí? —vació la leche coloreada de su tazón de cereal, luego me miró en espera de una respuesta.

—Creo que nunca pensé en pedirle a Dios que te ayudara a dormir, Patrick. Pensé que solo debíamos pedirle cosas *grandes*, mi amor. Ya sabes, como por los niños que se mueren de hambre en África y cosas así, cosas que se espera que arregle.

La tetera comenzó a silbar y yo tomé una taza de un gabinete. Patrick regresó la caja de Frutti Lupis a la alacena y se puso de pie junto a mí mientras yo vaciaba el agua hirviendo en mi taza. Se limpió la boca con la manga de su pijama y dijo:

—¿No sabes que a Dios le importan todas las cositas, mamá? Debiste haber orado hace ¡mucho tiempo! —tomó sus cartas de Pokémon de la mesa y corrió escaleras arriba para vestirse para la escuela.

P.D. Una mujer en Sudáfrica está leyendo tus cartas. Ella escribió que todos los de su templo oran por un milagro para ti. También envió la carta a su familia de Qatar, Bermuda y Australia.

P.P.D. ¿Dónde es Qatar?

Y la voz de ellos fue oída, y su oración llegó a la habitación de su santuario, al cielo.
—2 Crónicas 30.27

Sin alas

Querida Deb:

El fin de semana pasado conocí a una joven madre y a su hijo de dieciocho meses de nacido, los invitaron a la misma cabaña que yo. Ella era alta y bella, tenía un cutis perfecto color aceituna, de los que parecen haber sido besados por el sol durante todo el año. Sin una mancha, peca o marca de edad visible. Su pequeño niño tenía el mismo tono de piel y rizos color arena que le rozaban los pómulos y enmarcaban los ojos castaños.

Mientras ella permanecía sentada en calma en el primer escalón del amplio porche de la cabaña de cien años de antigüedad, su hijo era puro movimiento. Descalzo, iba y venía de una roca a otra en el jardín de hostas. Recogía algunas piedras a lo largo del sendero y daba patraditas al tronco de un pino blanco. Cuando llegó al camino de grava y vio cómo daba vuelta rumbo al bosque, se apresuró cual cachorro detrás de una mariposa.

Su madre se levantó rápidamente del escalón y con unos cuantos pasos largos lo alcanzó, lo tomó en brazos y se lo llevó a los hombros. Se paró frente a mí, meciéndose de adelante hacia atrás mientras veía el mundo apostado desde la altura.

—¿Sabe que mi hijo tiene algo que nadie más tiene? —me dijo. El niño reía cuando ella lo hacía girar con una voltereta sobre la cabeza. Sentada otra vez en el primer escalón con el niño

155

en el regazo, le subió la manga de su camisetita rayada. Lo volteó para mostrarme la espalda—. Tiene unos hoyuelos especiales.

Detrás del hombro, había un pequeño orificio, como si alguien le hubiera hincado un dedo. Tenía lo mismo en el otro hombro.

—¿Qué son? —le pregunté—. He visto hoyuelos en las mejillas y en la parte baja de la espalda, pero nunca había visto esto.

—En realidad no sé —dijo—, nació con ellos —se lo puso sobre el hombro. Él le agarró la gruesa cola de caballo.

—¿La causa de eso sería que algo anda mal con los huesos o los tendones? —me preguntaba si ella ya lo habría examinado con rayos x o si lo había llevado a un especialista.

—No lo creo. Y adivine qué más —dijo. Soltó a su hijo. Y él corrió escaleras arriba para explorar el porche en todas direcciones. Ella se giró para enseñarme la espalda con los mismos hoyuelos, uno en cada hombro. Los de ella eran un poco más grandes, del tamaño de una moneda de diez centavos—. ¿Lo ve? Ambos hemos nacido como ángeles, los doctores no supieron qué hacer con nuestras alas —ella sonrió, con los ojos danzándole al ritmo de su relato—, así que las extirparon y nos quedaron esas marcas.

—Ahhh ¡me *encanta* eso! —dije—, pero ¿no quiere saber si se trata de algo genético? —y salió corriendo para rescatar a su hijo, que había trepado una vieja rama.

—No —contestó—, me gusta así.

Pues son iguales a los ángeles, y son hijos de Dios, al
ser hijos de la resurrección.

—Lucas 20.36

Contra viento y marea

Querida Deb:

«Señor Simmons, necesito a la señorita Malcolmson en mi oficina inmediatamente», la voz de la hermana Magdalena sonaba a través del intercomunicador del salón de clase. Yo estaba sentada en un banco en el laboratorio en clase de química, en el undécimo grado. Acababa de echar un puñado de espagueti en trozos a un vaso de precipitados con agua hirviendo para ver si bailaban al agregar vinagre. El señor Simmons, alias el hombre Michelín, había forzado su cuerpo entre mi banco y la pared de atrás y estaba lo suficientemente cerca como para descansar su barbilla grasienta en mi hombro.

«Recuerden, niñas, si un experimento sale *bien*, es que de seguro algo anda mal», rió, rociándome la mejilla con un aliento que hubiera hecho llorar a un perro. Me alegró que me llamaran y alejarme de ese aliento de perro, aun cuando ir a la oficina del director era como ser llamado a las puertas del cielo cuando aún no estabas listo.

Camino a la dirección, me topé con Tracy Newton, que venía saliendo de la enfermería. Tracy era una de las niñas más bonitas de la secundaria y era tan dulce como bonita. Ese día tenía otro ojo morado. Todos sabían que el padre de Tracy estaba atado a una silla de ruedas, razón por la que nadie entendía por qué se salía con la suya al usar los puños. Pero yo sabía por qué ella no huía de él.

Esperanza.

Pese a lo que pasara, ella se aferraba a la esperanza de que la próxima vez sería diferente. Sin importar cuán fuerte rugiera, el hambre que Tracy sentía por el amor de su padre era mayor que el miedo a sus puños.

Yo también sabía mucho acerca de esa esperanza.

Yo tenía la esperanza de ser una hija lo suficientemente buena como para hacer feliz a mi mamá, tenía la esperanza de que un día tendría una vida mejor a pesar de que no sabía cómo sería...

Hace algunos años, fui a un seminario que trataba sobre la perseverancia. La perseverancia ha sido una materia cercana a mi corazón y muy querida. Todos caemos y nos duele. Siempre me he preguntado por qué algunas personas pueden levantarse, sacudirse y continuar hacia adelante en tanto que otras se quedan en el suelo o bien caminan con pesadez llevando su dolor como una cadena perpetua. Sea lo que fuere que ha ayudado a la gente a seguir adelante, yo quería asegurarme de que mis hijos tuvieran eso.

El seminario fue organizado por sicólogos y trabajadores sociales que habían estudiado la vida de un grupo de adultos, mediante un grupo control, durante treinta años. Todos los adultos del estudio tenían algo en común: infancias horríficas. Algunos llevaron vidas productivas cuando crecieron, vidas exitosas. Otros permanecieron perdidos en su pasado. Y terminaron como criminales, indigentes o en hospitales psiquiátricos.

La investigación halló diez características que la mayoría de nosotros necesitamos para nuestra estabilidad y éxito, rasgos que ayudan a desarrollar la perseverancia. La lista se le entregó a cada participante del estudio, que verificaron los rasgos que se aplicaban a ellos. Sobresalieron cuatro características. Todos los adultos del grupo exitoso, señalaron las mismas cuatro de la lista de diez, indicándolas como factores clave que contribuyeron a su éxito. Ellas son:

1. Un adulto significativo que les dijera que ellos eran muy especiales, alguien que creyera en ellos (maestro, entrenador, vecino, familiar).
2. La fe, la creencia en algo superior a sus circunstancias.
3. La resiliencia, la habilidad para rebotar o regresar.
4. La esperanza, *la esperanza de que habría una vida mejor para ellos aunque no supieran cómo sería...*

Mas yo esperaré siempre, y te alabaré más y más.
—Salmos 71.14

¿Cuánto amor?

Querida Deb:

He estado pensando con qué frecuencia digo la palabra *amor*. Amo el queso de cabra. Amo las antigüedades. Amo a Michael Bublé y los brazaletes que repiquetean cuando muevo la muñeca. También amo las almohadas de pluma de ganso, las películas que me hacen llorar y una cerveza Corona bien fría en un día caluroso. Amo a mi perro y amo a mis hijos.

Hoy se me ocurrió que uso la misma palabra para describir lo que siento por mis hijos y lo que siento por el queso de cabra. Pensé que debo aprender otras palabras para expresar todas las variedades de *amor*, palabras que distingan a mis hijos del queso. Decidí consultar mi diccionario y descubrí que hay cientos.

Apreciar: Sin argumento. Aprecio mis almohadas cuando caigo sobre la cama cada noche.

Encantar: ¡Me encanta el queso de cabra! ¡Me encanta en todo momento! Con pizza, con ensalada, derretido sobre un bistec a la parrilla y espolvoreado sobre fresas.

Preferir: En el caso de la cerveza, prefiero tomarme una Corona en la botella y con un gajo de limón, por

favor. Si me sirvieras tortillitas tostadas con guaca-
mole, eso también te haría ¡mi amiga preferida!

Atesorar: Mi escritorio está hecho de una puerta de pino
de ciento veinte años de antigüedad, con su pintura
azul original y un hoyo de ratón en uno de los
extremos. Atesoro esas marcas de dientecitos.

Adorar: Adoro a mis hijos. Adoro sus corazones generosos y su habilidad para perdonar fácilmente. Pero
también los amo.

Aceptar: A Michael Bublé, sí. Cuando quieran.

Estimar: Viking es una mascota estimada aun cuando
suelta más lanugos de pelo que una manada de
búfalos.

Admirar: Admiro a quienes producen películas geniales
como *Magnolias de acero,* llenas de personajes que
me hacen reír y llorar al mismo tiempo.

Después de concluir mi lista, me di cuenta de que probablemente nunca dejaría de decir *amo* para reemplazarla por ninguna
de esas palabras. *Amo* suena de lo más correcto cada vez que lo
digo. Puedo murmurarlo, cantarlo o separarlo en sus dos sílabas.
Amor es un sustantivo, puede convertirse en verbo, en adjetivo y
en adverbio. No importa cómo se use, es algo que todos sabemos.
Amamos.

Porque amó mucho.

—Lucas 7.47

Treinta días

Querida Deb:

«Estoy seguro de que algunos de los presentes hoy no saben por qué están aquí. Quizá, como mucha gente, están buscando respuestas», Paul Johnson sonrió con la mirada fija hacia la parte de atrás del templo atestado. Tenía uno de esos rostros que desafían la edad, con su cutis pulido y el grueso cabello castaño rojizo bien cortado. Podría haberse hecho pasar por el joven pastor, en lugar del fundador de la Iglesia Woodridge. Hombre casado por treinta y cinco años y con tres hijos.

«Pueden creer en *algo*, pero no saben lo que es», se paseaba por el escenario tomándose las manos por la espalda. Atrás de él colgaba una pantalla de casi cuatro por cuatro metros en donde se mostraba la fotografía de un hombre solitario con equipo de escalador posicionado sobre una roca por encima de un vasto mar de montañas. Los músicos habían terminado de entregarnos una conmovedora versión de «You will never walk alone», la vocalista lo hizo mejor que la famosa cantante Barbra Streisand.

«Algunos de ustedes vienen porque les gusta la música... por cierto ¡a mí también! Estamos bendecidos por tener una banda musical excelente». Todos aplaudieron y vitorearon a los músicos. Paul se colocó en el centro del escenario y se aflojó la corbata. Una luz ámbar seguía sus movimientos a través del escenario.

162

«Tal vez su vecino le invitó por sexta vez y finalmente vino para que dejara de insistirle», algunas personas rieron e intercambiaron miradas. Detrás de mí, una mujer callaba a un hombre que se carcajeaba: «Yo estoy aquí por el café gratis».

La puerta trasera del auditorio del templo chirriaba y un suave haz de luz se metió por el pasillo junto a mi asiento. Un voluntario de la guardería sostenía a una llorosa niña de dos años en los brazos. Sondeaba el lugar en busca de los padres cuando Paul señaló un diagrama en el escenario.

«Ya sea que sí sepan por qué están aquí, o no, yo los desafío», anunció Paul. Detrás de él, la figura del alpinista en la cumbre de la montaña había sido reemplazada por un calendario gigante de treinta días. «Quiero que empleen los próximos treinta días para probar algo que podría cambiarles la vida», hizo una pausa dramática, y todos guardamos silencio como el público de un espectáculo de Broadway y no como peregrinos en una ceremonia dominical.

Me pregunté hacia dónde iba con eso. Muchas veces, el pasado año, me retorcí en mi asiento, convencida de que las palabras de Paul estaban dirigidas solo a mí. Cuando hablaba acerca de vidas desordenadas o de cómo los pecados de los padres pueden perseguir a los hijos, yo me hundía en mi asiento, preocupada porque sus ojos pudieran disparar rayos láser y dar en el blanco: yo.

«Pero, ¿qué son treinta días?», encogió los hombros e hizo una pausa. «Treinta días son cuatro semanas, un mes... ¡un doceavo de año!». Caminó hasta la mera orilla del escenario. «Los desafío a actuar como cristianos por los próximos treinta días», y se bajó del escenario.

El grupo musical se reorganizó y empezaron a cantar «Somos uno en el espíritu». Todos se pusieron de pie y cantaron con ellos, las voces se incrementaban con el estribillo. *«Y sabrán que somos cristianos porque nos amamos...»*.

Nunca pensé que estaría hombro a hombro con un grupo de extraños cantando himnos en un templo. Especialmente esos cuyas letras eran como nuestra música típica, el *country*, baladas que contaban historias de dolor, pérdida y del amor más grande que pudiéramos imaginar. Me pregunté si todos estaban ahí por la misma razón, para tratar de tocar ese amor. Yo estaba por eso, lo sé.

«¿Sabían que James Taylor, el cantante ganador de Grammys, decía que había empezado *fingiendo* que era cantautor?», Paul regresó al terminar la canción. «¡Y miren lo que pasó a partir de ese «fingimiento»!», hizo una pausa y sonrió. «Apuesto a que todos los presentes han oído más de una vez: "Tienes un amigo". Apuesto, también, que antes de que esa canción naciera, James Taylor practicó la composición y la rasgueó hasta que los dedos le sangraron y sentía la garganta como lija», Paul caminaba hacia la orilla del escenario. «¿Por qué no aceptan un reto de treinta días a partir de hoy? Vuelvan a casa y compórtense como cristianos», sonreía y abría tanto los brazos como un cantante de ópera ante una ovación.

«Ámense los unos a los otros... hagan algo por alguien más... y oren».

Las conversaciones surgieron como un arroyo después del deshielo de primavera mientras la gente se preparaba para ir a casa al almuerzo dominical. Yo me puse el abrigo y me preguntaba qué caramba hacía querido decir. ¿Cómo *actuar* como un cristiano podía ser lo mismo que *fingir* ser cantautor? Pensé que era extraño que Paul no hubiera incluido ninguna regla en ese desafío. Como ir al templo los domingos. O leer la Biblia. La mayoría de los desafíos tenían reglas, líneas en la arena que no estaba permitido traspasar.

Esa noche, fui a dar una caminata y noté a un grupo de niños del vecindario cantando y retorciéndose mientras saltaban en círculos alrededor de un poste de luz. Una pequeñita se tropezó y cayó, y sin perder tiempo, otra niña se apresuró a su lado para ayudarla a levantarse. Se arrodilló para inspeccionarle la rodilla. Yo observaba mientras ella se inclinaba y le soplaba en la pequeña herida, algo que yo había hecho con mis propios hijos después de una caída. Tuve una ocurrencia en ese momento relacionada con el mensaje de Paul: *Quizá la única regla en este desafío era la bondad...*

> *Así también la fe, si no tiene obras, es*
> *muerta en sí misma.*
>
> —Santiago 2.17

La confesión

Querida Deb:

—Sé que tengo que decirte algo, mamá, pero temo que me vas a detestar cuando la escuches —Michael le hablaba a sus pies mientras subía y bajaba el cierre de su camiseta con capucha. Estaba sentado a mi lado en el asiento del pasajero de mi desgastada camioneta todoterreno.

—No importa lo que tengas que decirme, no voy a aborrecerte, mi amor. Te quiero y estoy muy orgullosa de ti por hacer el esfuerzo de enmendarte —retrocedí desde la entrada de nuestra casa y le sonreí, con la esperanza de mostrar una valentía que no sentía.

—No puedo ni imaginar lo difícil que es para ti vivir en ese lugar —le di palmaditas en el hombro.

Michael tenía la cara de un ángel, unos ojos verdes como el océano y unas oscuras y largas pestañas que la marca de cosméticos Maybelline podría haber usado para vender rímel. Los escasos lugares en donde la barba ensombrecía los huecos de sus mejillas me recordaban un autorretrato que hizo en el kinder, se había pegado arena en la cara para parecer un adulto. Desde que tenía dos años de edad, quiso ser «grande». Hoy, a unos cuantos meses de su cumpleaños número diecinueve, nos dirigíamos de regreso al Centro Portage, donde residía junto con otros drogadictos. Se había ganado su primera salida de doce horas después de dos meses de rehabilitación que a todos los demás nos parecieron una condena en prisión.

Mientras nos visitaba a su hermano y a mí en casa, tenía que cumplir con toda una consigna. Se suponía que tenía que revelar detalles íntimos de su consumo de drogas y registrar nuestras reacciones y sentimientos al respecto. Las primeras horas de su salida, vagabundeó de cuarto en cuarto verificando si algo en casa estaba igual a como él lo había dejado. Me recordó cómo nuestro perro olisqueaba cada cuarto después de una larga estancia en la perrera. Michael pasó algún tiempo en su computadora, jugó unos videojuegos con Patrick, luego se desplomó enfrente de la televisión en el salón familiar a un lado de la cocina.

«¡Hace tanto que no veía televisión!», puso *Los Simpsons,* un favorito de la familia, «ahhh, me encanta este programa...».

«La cena estará lista en unos quince minutos». Saqué el pollo asado del horno y lo coloqué en el mostrador de la cocina para prepararlo. Se me hizo agua la boca cuando levanté el papel aluminio y olí las esencias del romero, el limón y el ajo. Puse tres lugares en la mesa y encendí algunas velas. Celebrábamos cada paso en la recuperación de Michael. Dudé al poner una servilleta junto a su plato. El pecho me dolió y me di cuenta de que estaba conteniendo el aliento. Era la primera vez en meses que ponía la mesa para los tres. Michael nos había dejado mucho antes de haber ingresado a la rehabilitación. Se había perdido en las calles por semanas antes de estar listo para aceptar ayuda, y a pesar de lo valiente que intentara ser ahora que vivía en una institución para su tratamiento, yo me desmoronaba al ver la silla vacía cada noche a la hora de cenar. Ver la silla me trajo los recuerdos de las llamadas telefónicas tarde en la noche, las ambulancias, las sobredosis. Fuimos afortunados. Las estadísticas de jóvenes adultos atrapados en el *crack* que se salvan son bajas. Si Michael no hubiera querido comprometerse con la rehabilitación, su silla podía haber permanecido vacía por siempre. Perdí el equilibrio y tuve que inclinarme en la mesa para sostenerme. La culpa y el pánico me torturaban desde que descubrí a Michael consumiendo drogas.

No debí haberme mudado de Minnesota.

¿Y si fue por habernos mudado de nuevo a Canadá que casi se muere?

Respira, me ordenaba a mí misma. *Michael está vivo y en casa. Por ahora. Eso es todo lo que cuenta. El ahora.*

Me aferré a la puerta del refrigerador y pronuncié la misma oración que había hecho miles de veces. «*Por favor, Dios, sana a mi hijo. Mantenlo en Portage hasta que pueda vivir sin drogas. Ayúdalo a encontrar al mismo Michael hermoso que ha perdido*». Apuré un vaso con agua, con la esperanza de que ahogaría la culpa. Preparé una ensalada verde, partí el pollo y arreglé las papas, majándolas con el aplastador de papas hasta que me dolió el brazo.

«Caramba, estas papas están muy buenas. No te imaginas cuántas veces comí puré de papas frío en estos últimos dos meses», Michael alzaba la nariz diez centímetros por encima de su plato acechando su cena como un lobo, como si hubiera estado viviendo en la selva.

La luz de las velas que estaban encima de la mesa y la que entraba por las persianas bañaban la cocina con un resplandor ámbar, un brusco contraste con la noche sin estrellas de enero. Al fondo, Michael Bublé cantaba suavemente «Try a Little Tenderness». Normal. Quería que todo fuera normal cuando nada lo era.

Patrick tomó un pedazo de pechuga de pollo. Una gotita de salsa le colgaba de la barbilla.

—¿Tienen que cocinar allí? —le hablaba a su plato. Había pasado un año desde que miraba a Michael a los ojos. Michael había sido su ídolo, el hermano mayor que respondería cualquier pregunta que él lanzara, el hermano mayor con quien le encantaba estar hasta que la droga se convirtió en el único amigo de Michael.

—Sí, pero no es *realmente* cocinar. Todo es instantáneo, de caja... toda una mugre.

Michael empujó su plato hacia el centro de la mesa. No tenía ni una mancha, como si un perro lo hubiera lamido hasta dejarlo limpio. Tomó una galleta con chispas de chocolate, todavía tibia del horno y se inclinó en la silla.

—La mayor parte de la comida proviene de los correccionales, ¿lo sabían? Comida de la cárcel. Las papas son instantáneas también... horribles —se apuró la leche y se limpió la boca con la manga.

Patrick empujó su plato sin terminar. Se cruzó de brazos.

A mí no me importaba de dónde viniera la comida. Michael había aumentado cuatro kilos y medio en dos meses y se veía más sano que en los últimos dos años. Las drogas tienen un número para llamarlas y te dicen: «Si quieres perderlo todo, llámame». Michael había perdido dos años de secundaria, algunos trabajos y once kilos. Casi pierde la vida por más de una sobredosis.

Resultó que Michael no podía lograr completar su consigna frente a su hermano. Esperó hasta el último momento para confesarse conmigo en el carro. Para ese entonces, yo estaba más preocupada por llevarlo de vuelta al Centro Portage que por su confesión. Para ser enero, no habíamos tenido mucha nieve en el sur de Ontario, pero Elora, una pequeña población campesina a noventa minutos, tenía montones de nieve apilada a lo largo de la orilla del camino, como campanarios.

—Seguro vas a aborrecerme cuando te lo diga, mamá —habíamos manejado por casi una hora. Él había contado algunas historias acerca de otros residentes y de cómo habían aterrizado en Portage cuando le recordé que se suponía que tenía que hablar sobre su propia historia con las drogas.

—Ahora me detesto —murmuró— y apuesto que hasta Dios me odia, mamá —quería envolverlo en mis brazos, pero sabía que la vergüenza era parte de su curación y no podía protegerlo de eso. Estiré el brazo y le puse mi palma sobre la mejilla. Quería ser una esponja para poder absorber todo su dolor.

—Apuesto a que nunca has hecho algo horrible, que no puedes remediar. Así que ¿cómo vas a entender algún día cómo me siento? Me encaró, con la boca torcida y los ojos tan tristes que quise cazar a cada narcotraficante del país, crucificarlos y alinearlos en la autopista transcanadiense como los romanos hacían con los esclavos en la Vía Apia. Si solo supiera algunas de las cosas que he hecho en mi vida y que no he podido remediar. Pero la única yo que Michael conocía era la mamá, las que satisfacía sus necesidades desde que nació. Tomé su hermosa cara por un momento, recordando cuántas veces lo mecí cuando era un infante. Añoré aquellos días en que lo más osado que Michael llegaba a hacer era brincar desde el muelle en el lago Rooney.

Me orillé en un claro del campo para ver a Michael a la cara. La noche era negra y tenebrosa y las nubes parecían el resguardo de un ladrón silencioso que hubiese robado la luna y las estrellas. Sentados en medio del campo abierto sin casas ni tiendas a la vista, recordé mi propio error, el que no podía remediar.

—Sí sé cómo se siente hacer algo que no puedes remediar, Michael —me recosté en el respaldo para la cabeza.

—¿Qué pudiste haber hecho, mamá? —preguntó—, ¿fumar mariguana en los sesenta? Todos lo hicieron—. Miraba hacia fuera por la ventana del pasajero, yo seguía su mirada. Unos cuantos maizales débiles se asomaban por entre la ventisca. El motor del coche se sacudía y chirriaba desde la caja de velocidades como un potrillo ansioso por arrancar. Inhalé tanto aire como me permitieron los pulmones, como si fuera a saltar a lo más profundo, y oré. *Gracias, Dios, por salvar a mi hijo y por mantenerlo en ese lugar hasta que sane. Por favor, facilítame las palabras que he de decirle ahora. Palabras que le ayudarán a saber que no es el único que ha cometido errores. Palabras que le hagan entender que nada que él pueda hacer me hará dejar de amarlo.*

Michael se movía en el asiento tanto como se lo permitía su estatura de un metro setenta con el cinturón de seguridad aún abrochado. Tenía la mirada baja, hacia su regazo, y las manos le caían flácidas a cada lado del asiento. Durante esos últimos dos años, los amigos me preguntaban cómo pude perdonar a Michael por sus sobredosis, las noches en vela, los robos. Ellos no entendían que no había nada qué perdonar; nada que hiciera Michael podría hacerme amarlo menos. Él era mi brillante y reluciente estrella, cuya luz se extinguió por un rato, y yo haría lo que fuera para ayudarlo a iluminar otra vez. Mi propia confesión le ayudaría a ver que todos nos equivocamos y que nuestros errores no tienen que definirnos, le hablaría acerca de mis errores. Quería que creyera que Dios tenía una vida mejor para él, como la tenía para mí.

En una carretera, en la noche más oscura, confesé un error de mi pasado que me ha perseguido por años. Un error que no podía remediar. Y Michael se me confesó.

Se mordía la mejilla, pero eso no detuvo sus lágrimas como un torrente sobre su rostro.

«Me alegra que me hayas dicho eso, mamá», se pasó el brazo a través de la cara para limpiarse la nariz con su manga. Luego farfulló y sonrió en cuanto se dio cuenta de lo que había hecho—. No sé cómo decir esto, pero te quiero mucho más ahora, más de lo que jamás pensé que podría querer a nadie», me arrojó los brazos alrededor del cuello y se colgó de mí con el mismo gusto del niñito que yo había mecido en mis brazos a la orilla del lago Rooney, un niñito que aprendió a confiar en mí lo suficiente para poder nadar por sí mismo.

«¿Sabes, mami? No podría hacer nada de esto si Patrick y tú no me amaran. Es lo único que me permite seguir adelante en estos momentos», se talló los ojos con el extremo de la palma, como si estuviera borrando un error con un borrador.

Fue más difícil dejar a Michael esa noche que cuando lo hice por primera vez dos meses atrás. Quizá se debió a que en aquel entonces yo estaba tan desesperada por salvar su vida que estaba preparada para encomendarlo a cualquier salvador disponible. O tal vez fue su mirada cuando volteó a verme y me sonrió. Algo había cambiado. Tenía una lucecita en los ojos que me recordaba al Michael de antes de la droga. Y solo había una lágrima. Recorrió la redondez de su mejilla y se quedó en un hoyuelo. *Adiós, mami,* le leí los labios. Se volvió para subir las escaleras. Cuando llegó a la puerta principal del centro, no volvió a mirar atrás. Al contrario, agitó el brazo por encima del hombro. Era el mismo gesto que hacía las mañanas de verano en la cabaña después de atragantarse los restos de mi té, las mañanas en que agitaba el brazo por encima del hombro antes de saltar del embarcadero para nadar en las aguas cristalinas del lago Rooney.

Confesaos vuestras ofensas unos a otros, y orad unos por otros, para que seáis sanados.

—Santiago 5.16

Piedritas en los zapatos

Querida Deb:

Siempre he tenido pies angostos. Cuando era niña, yo era la nena del cartel que al referirse a la moda decía: *Si el zapato le queda bien, es feo*. Los únicos zapatos que podía usar eran los de cordón, de otro modo se me salían o me rozaban los talones. Hasta los mejores de la marca Hush Puppies me quedaban flojos, a pesar de lo fuerte que tratara de amarrar los cordones, había huecos tan anchos a los lados que podía meter el dedo, una buena bolsita para piedras perdidas. Al final de todos los días, me quitaba los zapatos y los volteaba boca abajo para sacudirles todas las piedras que se me habían refugiado bajo el pie. Algunas veces se escabullía una piedra grande y tenía que dejar de jugar para retirarla de inmediato. Otras veces ignoraba la molestia, pero descubría mi calcetín ensangrentado en el lugar en el que la piedra me había tallado hasta la carne viva. Somos criaturas tan chistosas, Deb. Son incontables las veces que he padecido dolor a causa de una sola piedra cuando todo lo que tenía que hacer era admitir que me dolía. Orgullo. Juventud. Y darle demasiada importancia a las apariencias.

Me alegra decir que finalmente crecí para aceptar mis pies, hoy tengo muchas más opciones de calzado. Zapatos rojos, azules, sandalias de tiritas, zapatos que brillan, con la puntera al descubierto, con el talón al descubierto, de metedura, ¡todos me encantan! No importa qué tan grandiosos se vean o qué tan bien me queden, hay ocasiones en las que todavía se me meten algunas piedras. La diferencia ahora es que no espero hasta que las piedras me hagan sangrar. Me detengo, sacudo los zapatos y continúo hacia adelante. Ahhh, las ventajas de la edad y de aprender las lecciones a la manera difícil. El siguiente pequeño relato lo cuenta mejor...

Un conferencista explicaba a su audiencia cómo tratar el estrés, levantó un vaso de agua y preguntó: «¿Qué tanto pesa un vaso de agua?». Las respuestas iban del rango de los 20g a los 500g.

El conferencista respondió: «El peso absoluto no importa. Depende de cuánto tiempo intenten sostenerlo. Si lo sostengo por un minuto, no hay problema. Si lo sostengo por una hora, tendré adolorido el brazo derecho. Si lo sostengo por un día, tendrán que llamar una ambulancia. En cada caso, es el mismo peso, pero mientras más tiempo lo sostengan, más pesado será». Continuó: «Y es igual con el manejo del estrés. Si aguantamos nuestra carga todo el tiempo, tarde o temprano, a medida que la carga parezca más y más pesada, no seremos capaces de sostenerla».*

P.D. Espero que puedas sacudir tus zapatos esta noche, Deb. Escuché que están un tanto llenos de piedras.

Venid a mí todos los que estáis trabajados y cargados,
y yo os haré descansar.

—Mateo 11.28

---

* Adaptado de http://www.holybible.com/resources/poems/ps.php?sid=1131.

A la hora del almuerzo

Querida Deb:

Después de visitar a una amiga en Toronto, me detuve en mi restaurante favorito en la calle Queen Oeste para almorzar. Nunca me he sentido cómoda comiendo sola en un restaurante, pero me rehúso a que eso me impida probar nuevos lugares. He aprendido a llevarme un libro. Nunca estoy sola cuando leo. He tenido cenas extraordinarias con Holden Caulfield, Miss Havisham y el detective Lucas Davenport.

En un silencioso rincón del restaurante hallé una mesa junto a una ventanita. El sol del mediodía se desparramaba por encima de la mesa, dando mucha luz para leer. Ordené una copa de Chianti y la pizza Santo Stefano: mozzarella de búfala y rebanadas de tomate sobre una delgada y crujiente base, y encima un puñado de rúcula y jamón *prosciutto di Parma*. Se me hace agua la boca solo de acordarme de la última vez que lo pedí. Lo salado del jamón salado mezclado con lo amargo de las hojas y lo dulce del queso hacían un platillo celestial. Tomé sorbitos de mi Chianti y me relajé en mi confortable recoveco para leer y esperar la llegada de mi almuerzo.

Había terminado una página, cuando dos jóvenes madres y sus cuatro infantes se sentaron en una mesa junto a la mía. Les sonreí mientras arreglaban los asientos especiales para los niños, servían montoncitos de galletitas con forma de pescaditos frente a cada uno y sacaban juguetes y cuadernos para dibujar de sus mochilas. Durante todo el almuerzo mi cómodo escondrijo se llenó de voces de pequeñines cantando como pájaros «El viejo MacDonald tenía una granja». Las mamás rescataban pizza del suelo, les limpiaban la salsa roja de los ojos irritados y ordenaban una y otra vez: «¡Siéntate en paz!». No servía de nada. Los niños seguían rebotando de arriba a abajo como en cuarteto de muñecos de sorpresa.

Observar las payasadas y los intentos de las madres por tomar sin interrupciones su espumoso café con leche resultó más dramático que mi libro. Me hizo añorar los días en que yo me iba de aventura con mis propios chicos a los restaurantes. Extrañé ver las marcas de sus dientecitos en mi sándwich de queso fundido y la grasa que flotaba en mi vaso de Coca de dieta.

Cuando recogían para retirarse, una de las mamás me miró y dijo: «Mi amiga y yo le hemos estado observando durante todo nuestro almuerzo. Ambas estamos celosas de que usted pudiera disfrutar de una comida sola con una copa de vino», metió un camión de bomberos de juguete en su mochila y suspiró. Su hijo corrió a la puerta y ella corrió a atraparlo.

Todo tiene su tiempo, y todo lo que se quiere debajo del
cielo tiene su hora.

—Eclesiastés 3.1

¿Quién es tu Graeme?

Querida Deb:

Ahora que soy de las del nido vacío y vivo sola, a menudo sufro un síndrome de abstinencia de abrazos. En días como esos, me dirijo a casa de mi hermana Lisa para proveerme de mi dosis. Entro por la puerta, dejó mi bolsa en el suelo y grito desde el recibidor: «¡La tía Margie necesita un abrazo!». Su hijo de ocho años, Owen, vuela por las escaleras y lanza toda su persona contra mí. Me envuelve los brazos alrededor de la cintura y me oprime con todo su poder de niño grande. Mientras correspondo a su abrazo, le digo: «Gracias, mi amor; eres el mejor abrazador del mundo», lo que lo hace apretarme aun más fuerte. Algunas veces finjo una voz llorosa y gimo: «¡Extraño abrazar a Michael y a Patrick!», y cuando lo hago, Owen oprime la mejilla contra mi estómago y me dice que me quiere.

Hace algunas semanas, visitaba a la familia de Lisa cuando Sarah, su hija de cinco años, se me acercó. «¿Puedo sentarme contigo, tía Margie?», me dijo.

La mullida silla de su salón familiar era un confortable capullo para hacerse arrumacos y leer historias. Abrí los brazos y Sarah navegó en la silla con la elegancia de una gimnasta. Se anidó en mi regazo, puso la barbilla sobre sus rodillas y acomodó la cabeza bajo mi barbilla. Los rizos castaños que le llegaban a la

altura del hombro estaban húmedos, tenía algunas sortijas pegadas a la frente. El cabello le olía como a cachorrito nuevo. Me
enredé algunas mechas aterciopeladas alrededor del dedo, algo
que parecía tan natural como respirar. Las dos nos sentamos sin
hablar por algunos momentos, contentas de sentir el ritmo de
nuestras palpitaciones.

Lisa preparaba la cena en la cocina. Podíamos oírla abriendo
y cerrando gabinetes, picando verduras.

—¿Quieres quedarte a cenar? —me gritó por encima del
sonido del agua con la que llenaba una olla. Me encantó la invitación. Las comidas sencillas de Lisa eran mejores que la mayoría
de los restaurantes *gourmet*.

—¿Tía Margaret? —Sarah me quitó el anillo y se lo deslizó
en el dedo gordo—. ¿Quién es tu Graeme? —se probó el anillo en
cada uno de los dedos antes de volver a colocarlo en su dedo gordo. Lo tomaba por un juguete.

—¿Qué quieres decir, mi amor? —Graeme era su papá.
Estaba trabajando en el piso de abajo, en la oficina de su casa.

—¿Quién es tu Graeme? —repitió. Se incorporó para verme
a la cara.

—¿Quieres decir quién es mi *papá*? —le pregunté—, mi papá
es tu abuelito, mi amor —recordé a mis propios hijos confundi-
dos con los parentescos y los nombres cuando eran chicos. Quién
es qué de quién es complicado cuando tienes cinco.

—No... tu graeme —insistió—, ¿tienes uno? —Sarah tenía
los ojos negros fijos en mí y esperó.

—¿Quieres decir un marido, mi amor? ¿Un hombre para mí
como tu papá es para tu mamá?

—Sí... ¡tu graeme! —su cara se iluminó—. ¿Quién es? —se
mordía el labio inferior.

—No tengo graeme, mi amor. La tía Margie vive sola.

Sarah se dejó caer sobre mí, acomodó la cabeza bajo mi
barbilla otra vez. Suspiró tan profundamente que se quedó sin
aire.

—Me entristece que vivas sola ahora —jugueteaba con los botones superiores de mi blusa.

—Lo sé —le dije—. A veces a mí también me entristece, mi amor— la abracé y acaricié su cabello sedoso una y otra vez...

Mas no estoy solo, porque el Padre está conmigo.
—Juan 16.32

Cinco piedras lisas

Querida Deb:

Mi papá tenía razón cuando me llamaba soñadora. Aún tengo sueños locos y algunas veces me despierto con recuerdos tan claros como si hubiera visto una película de aventuras en una pantalla gigante. Esta mañana me desperté después de soñar con David y Goliat. No tengo idea de si se suponía que yo era David o el feo gigante o por qué soñé con ellos. *¡Señor, necesito salir más!*, pensé. Traté de concentrarme en mis visitantes matutinos y en qué les serviría para almorzar, pero mientras limpiaba la cocina, el gusanito de la duda no se iba. Me senté con una humeante taza de café y traté de imaginar qué era lo que me molestaba. ¿Por qué no podía dejar de pensar en David y Goliat? Busqué en la Biblia para ver si podía indicarme.

[David] escogió cinco piedras lisas del arroyo, y las puso en el saco pastoril, en el zurrón que traía, y tomó su honda en su mano, y se fue hacia el filisteo [el gigante]. (1 Samuel 17.40)

Allí estaba.
Cinco piedras lisas.

¿Por qué cinco? ¿Por qué no diez? ¿Y qué tal cubos de piedras? David era un adolescente y, después de todo, el otro era un GIGANTE. ¿Y por qué piedras lisas y no rocas irregulares? ¿Acaso no lastimarían más?

Me frustraba leer detalles como ese en cualquier historia si el autor no explicaba su significado. La mayoría de las veces las ignoraba y me dejaba llevar por el flujo de la historia, pero en el caso de la Biblia, pienso que siempre debe haber una razón para cada detalle, de lo contrario, no estaría allí.

Gracias a Dios por Google. Google lo sabe todo. He aquí cinco explicaciones que encontré:

- Las cinco piedras lisas representan la fe de David. Las piedras habían probado ser efectivas. Él les tenía confianza. Las había usado antes para proteger su rebaño, sabía cuál sería el resultado. También tenía cuatro preparadas de reserva. ¿Y si la primera piedra que David lanzara no le dada al gigante?
- Goliat tenía cuatro hermanos, MAYORES.
- Las piedras representan el versículo de Efesios 4.11, que dice: «a unos, apóstoles; a otros, profetas; a otros, evangelistas; a otros, pastores y maestros».
- Las cinco piedras lisas simbolizan cosas que pueden ayudarnos a enfrentar la vida: oración, esperanza, amor, fe y confianza.
- Las cinco piedras representan los lados del pentágono que está en Washington, una profecía relacionada con la máquina de guerra. (*Ja, ja... ¿puedes creerlo, Deb?*)

Después de leer más de veinte artículos sobre el significado de las cinco piedras, parece que nadie lo sabe a ciencia cierta. Quizá las piedras sean uno de esos detalles con los que Dios ayudó al escritor porque pensó que era importante. Tal vez su importancia radica en que, miles de años después, seguiremos hablando de ellas y haciéndonos preguntas. No estoy segura. Pero que esas piedras me dejaron pensando, eso es seguro...

La madre Teresa dijo: «Sé que Dios no me daría nada con lo que yo no fuera capaz de lidiar. Solo espero que no haya confiado demasiado en mí». Ya sea que David usara cinco piedras o veinte, creo que la historia nos demuestra cómo confía Dios en que un pastor adolescente puede desempeñar una tarea asombrosa. Y demuestra que ese adolescente confiaba en él.

*Si tuviereis fe como un grano de mostaza... nada os
será imposible.*

—Mateo 17.20

El hombre de la
chaqueta roja

Querida Deb:

Era lunes cuando noté su chaqueta rojo brillante, atrevida como una señal de alto a lo largo y ancho de su protuberante barriga. Pensé que era un estudiante de secundaria por la manera en que caminaba a grandes zancadas hacia nosotros balanceando los brazos de arriba a abajo como si estuviera marchando con la banda de música. Pero bajo la gorra de béisbol que le tapaba la frente, sobresalían mechones de canas sobre las orejas, lo que delataba su edad.

—¡Mira a ese viejo, Patrick! —dije—, camina tan rápido como si estuviera en un maratón... Mírale la cara, señor Feliz... ¡ja, ja!

Patrick estaba recostado en el posacabeza del carro con los ojos cerrados, tenía una rosquilla mordisqueada en la mano, era su postura matutina cuando lo llevaba a la secundaria Nelson.

—¡Sin hablar.... por favor! Tomó la capucha de su chaqueta y se la puso. La colocó sobre los ojos como un sudario.

Al acercarme al señor Feliz, toqué el claxon, ¡tut-tut! y saludé con la mano. Se detuvo a medio paso y forzó los ojos tratando de enfocarlos para vernos cuando pasamos a su lado.

—¿Quién es ese? —lanzó Patrick y mordió la rosquilla.

—No sé... algún viejo que camina calle abajo. Nunca antes lo había visto.

—¿Por qué lo saludaste?

—Se veía como alguien a quien vale la pena saludar. —Me reí cuando me di cuenta de que estaba haciendo lo mismo que mi papá cuando yo era adolescente. Avergonzarme a morir. Él saludaba a los extraños, bajaba el vidrio, sacaba la cabeza y decía: «Oiga, amigo... ¿cómo le va?».

—Eres rara, mamá —Patrick me puso los ojos en blanco.

A la mañana siguiente el señor Feliz caminaba hacia nosotros otra vez. Toqué el claxon y lo saludé. Se detuvo y trató de vernos. Patrick me puso los ojos en blanco.

El jueves el señor Feliz correspondió al saludo.

Patrick dijo:

—No puede ser —y se sentó para observarlo por encima del hombro—. Esa chaqueta es realmente roja, mamá.

Entonces lo rebautizó como «el hombre de la chaqueta roja».

Ese otoño, todas las mañanas antes de la escuela, el hombre de la chaqueta roja desfilaba hacia nosotros. Yo sonaba el claxon y lo saludaba, y él me correspondía. Patrick dejó de cubrirse los ojos con la capucha y comenzó a observar al hombre de la chaqueta roja.

—¡Aquí viene, mamá! —exclamaba—. Mira, está moviendo los brazos. Qué decisión la de ese tipo al caminar —pero Patrick no lo tomaba en serio. Saludar no era muy *cool*.

Un día el hombre de la chaqueta roja me saludó antes de que yo tocara el claxon.

Durante seis meses, todas las mañanas rumbo a la escuela, nos saludamos y sonreímos uno al otro, viejos amigos poniendo atención a nuestras rutinas cotidianas. Al comenzar mayo, antes de que los botones de los árboles abrieran sus hojas, Patrick finalmente levantó la mano y la puso contra la ventana. Saludó inclinando la cabeza al hombre de la chaqueta roja. El hombre de la chaqueta roja inclinó la cabeza para corresponder al saludo.

P.D. Pienso hoy en todos los estudiantes extranjeros que recibiste en tu casa, Deb. Qué afortunados.

No os olvidéis de la hospitalidad, porque por ella
algunos, sin saberlo, hospedaron ángeles.

—Hebreos 13.2

Lo que el corazón desea

Querida Deb:

El otro día un amigo me preguntó: «¿Qué desea tu corazón?», como yo nunca he tenido ninguna dificultad para *desear*, millones de cosas se apresuraron en mi mente, un fin de semana con George Clooney encabezaba la lista. Un viaje a París para ir de compras, le seguía. Mis hijos y yo no hemos tenido vacaciones familiares desde que nos mudamos a Canadá en el 2003. Cómo me gustaría llevarlos a algún lado, solo los tres ¡sin trabajo, teléfonos celulares ni computadoras! Añoro aquella cercanía que teníamos durante todos esos veranos en el lago Rooney.

Terminar mis memorias y venderlas, enorme deseo. No me imagino qué se sentirá tomar mi obra, *The Painted Couch*, en las manos, dar vuelta a las páginas, acariciar cada palabra bien ganada y leer la última línea una y otra vez. Y si de enumerar deseos se trata, quisiera que Oprah y dos millones de lectores más también las leyeran. Definitivamente a la cabeza de la lista, con George. La seguridad financiera estaba al inicio en la lista también, pero la eliminé porque las preocupaciones monetarias me provocan salpullido.

A medida que enumeraba todas las cosas que desea mi corazón, más rápido que un niño que recitara el alfabeto, mi amigo me detuvo y me dijo: «No me refiero a cosas que *desees*, Margaret

—puso los ojos en blanco—. Todos queremos vacaciones», explicó que el deseo del corazón es mucho más que solo querer. El deseo del corazón es esa cosa que nos espera en el camino y que nos da la esperanza de la vida que esperamos tener. Es eso que alimenta el corazón y el espíritu hasta que desborda una paz inimaginable. Una voz interna casi escupe: *George Clooney haría un muy buen trabajo alimentándome el corazón, muchas gracias,* pero la tapé y le dije a mi amigo que necesitaba tiempo para pensar en eso.

Durante días, le pregunté a mi corazón una y otra vez: *¿Qué hay adelante en el camino que desees y que no tengas? ¿Qué es lo que te espera por allí, con lo que pudieras tropezarte sin verlo porque estás muy ocupada con tus listas y con tu vida?*

Una mañana me desperté y supe lo que era.

Libertad.

Mi corazón desea la libertad de ser una escritora sin restricciones, la libertad de amar otra vez sin miedo y la libertad de escuchar a Dios sin que mi yo egoísta se interponga.

Síí, la libertad me alimentaría el corazón y me daría paz.

Te dé conforme al deseo de tu corazón, y cumpla todo
tu consejo. Conceda Jehová todas tus peticiones.
—Salmos 20.4–5

Irse a casa

Querida Deb:

Mi hermana Lisa se paseaba por la puerta del frente presumiendo un plato con panecillos de frambuesas aún tibios. Tras ella se encontraba el frío de enero, y yo temblaba cuando el frío punzante se me colaba a través de la bata de lana.

«¡Te preparé algo de amor!», Lisa cantaba mientras se quitaba las botas y me pasaba los panecillos. La combinación de canela, nuez moscada y azúcar morena me extasió de tal manera que me hizo añorar el lago Rooney y me encogió el corazón. Cada verano, ese mismo aroma llenaba la cabaña cuando horneaba los panecillos de canela preferidos de los niños. No he horneado nada desde que vendí la cabaña para mudarme a Canadá.

Encendí la cafetera mientras Lisa se instalaba en el descansabrazos de cuero de un sillón con un respaldo tan alto como el trono de un rey. Llevaba su chaqueta de lana favorito sobre los pijamas de lana roja con pingüinos esquiando. Parecía una adolescente y no una mamá de treinta y cinco años con un hijo pequeño debido a su cabello atado en una cola de caballo y las pecas que le cubrían la nariz.

—¿Por qué Dios permitió que te pasara esto? —dijo Lisa y se cruzó de brazos con los hombros rígidos. Se estremeció cuando trató de acomodarse nuevamente en el sillón. Su maltratado cuero engaña a todos los que creen que es suave como un malvavisco.

—Yo no pienso que Dios *permita* que pase esto, Lisa. Yo fui la que se enamoró y aceptó la propuesta de matrimonio. Yo tomé la decisión de mudarme aquí —la cafetera chirrió y salpicó. Yo pellizqué una migaja de la parte superior de un panecillo—, lo siento, mi amor. Es solo que no puedo comer nada en este momento. Sé que te levantaste temprano para hacérmelos. Parecen perfectos para una fotografía de un libro de alta cocina. Con esas jugosas frambuesas que sobresalen —empujé el plato hacia ella y miré por la ventana el nuevo paisaje que había sido mi casa durante los últimos seis meses. Una hilera de casas como haciendas me miraba desde el otro lado de un ancho bulevar con césped del tamaño de un campo de fútbol. Había arces que se alineaban a la calle y que el gobierno de la ciudad protegía bajo la histórica ley de los árboles. Se necesitarían tres adultos con los brazos extendidos para encerrar el gigantesco árbol que estaba a la orilla de mi propiedad.

—Sé que fuiste tú la que decidiste regresar, Margie, pero mira lo que te ha costado. ¡Se suponía que tendrías una vida maravillosa y ahora todo es un gran embrollo! —Lisa fue de las que más me apoyó en mi decisión de mudarme a Canadá, emocionada al tenerme viviendo en el mismo lugar después de haber estado lejos por veinte años.

La alarma de la cafetera sonó para avisar que estaba lista, y Lisa se levantó de un brinco para llenar nuestras tazas. Su colita de caballo se balanceaba como una pelota.

—No es justo. Michael y Patrick también sufren. ¿Por qué Dios permite que se les lastime una vez más?

Estaba sorprendida por la facilidad con la que Lisa hablaba de Dios. Hasta hace tres años, yo ni siquiera decía su nombre en voz alta. Lisa hablaba de él como si fuera un vecino que viviera calle abajo.

—Pensé que después de orar por eso con todos tus santos amigos de Minnesota, estarías segura de que hacerlo era lo

correcto, segura de que era «el bueno». Solo que no puedo entender cómo pudo pasar esto —puso las tazas humeantes en la mesa
y se llevó a la boca una frambuesa cubierta con azúcar.

Me levanté y estiré la espalda. Sentía como si me se hubieran
fosilizado los músculos del cuello. Moví la cabeza de arriba a abajo intentando suavizar el nudo que me hacía caminar rígida como
una modelo de pasarela.

—¿Creíste que porque me convertí en cristiana mi vida iba a
ser *perfecta*?

—No... no pensé que tu vida fuera a ser *perfecta*, perfecta.
Nada es perfecto, lo sé, pero pensé que Dios supuestamente estaba
de tu lado ahora que vas al templo y todo eso. —Un rizo de cabello
se le desató de la colita de caballo. Lo enredó en el dedo y lo torció
en círculos—. Vamos, Margie. ¿No has sido ya suficientemente
fuerte con el divorcio y todo? ¿Dónde está Dios en todo esto?

Me senté y la miré a la cara. Lisa preguntaba lo mismo que yo
me estuve preguntando cada noche. ¿Dónde *estaba* Dios en todo
esto? Había vendido nuestra casa familiar y la cabaña por el amor
y por un nuevo comienzo en Canadá, pero antes de desempacar
las cajas, supe que había cometido un error. Unos pocos meses
después de nuestra llegada a Canadá, terminé nuestra relación y
cancelé la boda. Michael y Patrick estaban devastados y sentían
que habían abandonado a sus amigos y habían dejado atrás una
vida para nada. Yo sentí que les había fallado una vez más.

—No sé dónde está Dios en todo esto, mi amor. Tal vez me
quiere aquí, y esta es su manera de que ocurra —le di un sorbo a
mi café—. Yo no sé, desearía saber cómo opera Dios. Si hubiera
sabido que esto iba a pasar, nunca me habría mudado.

Lisa se quitó la liga de su colita y sacudió el cabello de atrás
hacia adelante. Su grueso cabello castaño rojizo moteado con
destellos color bronce le llegaba debajo de los hombros. La extrañé todos esos años en Minnesota. Pese a lo desolada que estuviera por mi error de haberme enamorado de la persona equivocada,
estaba contenta con que Lisa y yo pudiéramos ser una familia

verdadera en esta etapa de nuestra vida. Anticipaba poder compartir el día a día con ella, cayéndole de visita y viendo su cara más de una vez al año.

—Deberías estar enojada con Dios, Margie. Yo estoy un poco enojada ¡y apenas lo conozco! —Lisa se cruzó de brazos—. Tenías una buena vida en Minnesota y estaba bien. Mira qué tan lejos llegaste desde el divorcio. Tenías amigos, el templo, ¿y qué me dices de la cabaña? *Amabas* el lago Rooney —se mordía el labio inferior—. Ahora tienes que empezar de nuevo. ¡Solo que no es justo! —la más joven de cinco hermanas, Lisa conservaba una dulzura infantil, sin embargo, era una luchadora feroz en lo que se refiere al bien y el mal.

—Sé que no vas a entender esto, mi amor, pero no culpo a Dios —suspiré—, tal vez no lo culpo porque ahora lo necesito. Necesito creer que hay una razón para que yo me haya mudado aquí, y necesito creer que algún día la sabré —apoyé la mejilla en la maltratada mesa de pino, la superficie estaba fresca y estable. Me pregunté cuántas lágrimas habría absorbido esa mesa, cuántos puños enojados. El vendedor francocanadiense me dijo que tenía casi 135 años de antigüedad, sin embargo, era fuerte y segura, sobre patas tres veces más viejas que mis piernas.

Lisa me tomó de las manos por encima de la mesa.

—Me encanta que estés aquí. Me emociona que podamos hacer una vida juntas, que ahora conocerás a mi hijo y estarás cerca de Michael y de Patrick —me apretaba los dedos—, pero el costo ha sido terrible. Lamento verte lastimada otra vez.

El costo *era* alto. Mudé a Michael y a Patrick a miles de kilómetros del hogar de su infancia y abandoné mi apoyo financiero y a mis amigos por un amor que fue solo humo y reflejos. Solo debía creer que Dios tenía para nosotros algo más. Si no lo creía así, perdería la razón. No importa lo deshecha que estuviera ahora, creía en mi corazón que todo se solucionaría. ¿Cómo explicarle a Lisa que creía en algo que no podía ver?

—¿Recuerdas que cuando estaba viviendo el divorcio mi amiga Ruth me envió esa tarjeta de Navidad con una cita bíblica y que yo no tenía idea de lo que significaba? Y luego, ¿te acuerdas de cuando encontré la pintura en la tienda de antigüedades? —señalé hacia donde la había colgado, en la pared detrás de mí. *Con Dios nada es imposible*. Era la única pintura que tenía colgada hasta entonces—. Bueno, algo me pasó ese día que fue tan emocionante como esas primeras etapas de enamoramiento. ¿Conoces esa sensación de mariposas en el estómago cuando piensas en un nuevo amor?

Lisa arqueó las cejas.

—¿Quieres decir el sentimiento que originalmente te hizo aceptar casarte? —Hizo una mueca, como si estuviera cambiando un pañal sucio.

—Ja, ja. Sí, creo que sí —retiré el papel de uno de los panecitos y lo partí por la mitad— pero esto es diferente. Es mejor que enamorarse, mi amor. Después de ver la pintura, decidí que las coincidencias no existen. Era demasiado grande para ignorarlo. Realmente, realmente, creí que Dios había puesto la pintura en esa tienda para mí. O que me había guiado a ella de alguna manera. No sé cómo Dios hace trabajar todo eso, pero creo que estaba tratando de llamar mi atención, todavía me deja perpleja.

Lisa tenía los labios rígidos en una línea apretada y enfocaba los ojos como si tratara de ver algo en la oscuridad.

—En todo caso —continué—, tomé una decisión en ese entonces, ya sabes... creer que él es real. Dios, quiero decir. Que tiene control de todo y de que si me ama tanto como dice Ruth, todo terminará por ser de la manera en la que se supone que debe ser.

Lisa caminó hasta el lavadero. Empezó a limpiar el mostrador pese a que estaba limpio.

—Bien, puedes creer todo eso. Me alegra que tengas a Dios para ayudarte a soportar estos momentos, pero de todas maneras tienes grandes problemas, Margie —dijo—, esta casa es muuuy cara, y no tienes ingresos. ¿Qué vas a hacer?

—Necesito hallar un templo —anuncié. No había ido al templo desde que nos mudamos. Hablar de Ruth me hacía extrañarla a ella y a mi familia de la fe—. Los chicos también necesitan un templo. Hicieron muchos amigos en el último, y creo que nos ayudará a todos a sentir que ya somos de aquí.

Después que Lisa se fue, me dirigí al sótano para vaciar más cajas. Solo había desempacado lo básico, aun cuando ya habíamos pasado seis meses en la nueva casa. Todas esas cosas adicionales que hacen que una casa sea un hogar habían estado en el limbo, como yo. De pie frente a media docena de cajas con el letrero «Libros», sentí un tirón en el corazón que me dio dolor de garganta. *¡Mis libros!* ¡Los extrañaba! ¿Cómo pude haberlos dejado aquí abajo por tanto tiempo y sofocar su voz en una caja oscura? Era chistosa la conexión que sentía con mis libros, especialmente porque no había leído ninguno hasta bien cumplidos más de veinte años. En mi familia yo había sido la relatora de historias, no la lectora. Quizá por eso me sentía tan apegada a ellos. Alguien se había tomado el tiempo de contarme *a mí* una historia. Levanté con esfuerzo la caja del suelo, desprendí la cinta adhesiva y la volteé boca abajo. El olor a cartón viejo y papel me remitieron a mi librería favorita en Minnesota, la contigua a la cafetería donde Ruth y yo tomamos nuestro primer café. Ruth. Me quería pese a las historias locas que le dijera sobre mi vida. O cuántas veces la examiné acerca del por qué Jesús habla con acertijos en lugar de decir simplemente lo que quiere decir. Ruth me tomaba la mano y me ayudaba a soltar el control que yo creí que necesitaba para sentirme segura, y me presentó a la única persona en la que podía confiar.

—¿Qué te importa si conozco a Dios o no? —la había desafiado después de nuestra primera reunión—. ¿A ti qué más te da?

Ruth me sonrió y sostuvo su bolsa sobre el pecho como una colegiala sosteniendo un montón de libros. No citó la Biblia, ni me dio una conferencia acerca de la salvación de mi alma. Respondió tan tiernamente que tuve que esforzarme por escucharla.

—Oh, Margaret —los ojos se le habían humedecido al acercarse a ponerme la mano sobre el hombro—, para que sepas cuán amada eres.

P.D. Te quiero, Deb. Y Dios te quiere más.

Amor, Margaret

> *Y ahora permanecen la fe, la esperanza y el amor, estos tres; pero el mayor de ellos es el amor.*
> —1 Corintios 13.13

194

Los milagros

La fe es algo curioso. La mayoría de la gente la quiere y aquellos que la tienen desearían tener más. Es algo que tratamos de medir, que es como cuando un niño pregunta a sus padres: «¿Cuánto me amas?».

«Hasta el cielo —le decía yo a Patrick cuando me preguntaba—. Hasta la luna y de regreso —le decía a Michael».

Deb tenía una fe *hasta el cielo, a la luna y de regreso*. Cuando anunció: «Hay un milagro para mí», ella no sabía qué sería, solo que habría uno. Deb no dijo: «*Necesito* un milagro», que es lo que yo habría dicho y es lo que estaba pensando cuando nos dijo el diagnóstico. Ella dijo: «Hay un milagro para mí». Y nunca dejó de creerlo.

La fe de Deb en los milagros era contagiosa. A mí se me pegó y no lo supe hasta que escribí una de las cartas para ella. «Creo en tu milagro». Cuando esas cartas recorrieron el mundo, otras personas se contagiaron también. Cientos de extraños escribieron el mismo mensaje. *Yo creo*. Tal vez ese fue su milagro. O quizá era solo uno de ellos. Durante los seis meses que le escribí, deseé que su milagro fuera que se curara de cáncer. Pero ese era el milagro que *yo* quería, no el que Dios tenía en mente cuando le susurró a ella esas palabras. Y eso es lo que es tan difícil de la fe. La confianza. Es la parte que yo olvido cuando pongo demasiado sentimiento en creer. Sin embargo, Deb sabe acerca de la confianza. Confiaba en que Dios tenía un milagro, viviera ella o no. Escribirle me enseñó que cuando la fe se toma de la mano de la confianza, ocurren los milagros.

Una vez que comencé a creer en el milagro de Deb, empecé a creer en mí, también. Escribirle me ayudó a darle voz a los secretos que estuve escondiendo vergonzosamente por años. Aprendí a que no importa cuánto me aterrara ser sincera y no poner tapujos a mis errores, esperanzas y sueños, la vulnerabilidad es una cualidad que abre las puertas a bellas amistades. Aprendí que las cosas más tiernas y privadas de nuestro corazón tienen un atractivo universal y pueden conectarnos con extraños de maneras maravillosas. La fe es algo curioso.

Diez días antes de la muerte de Deb, ella se sentó en la cocina mientras yo hacía sándwiches de pan tostado con tomate y queso cheddar canadiense. Le di órdenes como un director de Hollywood mientras supervisaba cada etapa del proceso de elaboración del sándwich. «Quizá tengas que meter el pan al tostador dos veces. Me gusta que el pan tostado esté bien crujiente. No olvides poner mucha mayonesa y pimienta. Me encanta la pimienta». Durante el almuerzo, Deb rebosaba de alegría con las historias de su infancia. Reía al recordar los viajes a través de Canadá con sus seis hermanas y su familia en una vagoneta; se sentaban atrás, en el suelo, y leían libros todo el camino. «Yo era la mayor, solía desear ser hija única», sonreía esplendorosa con el recuerdo de las fantasías de su infancia. «Yo era una gran lectora. Leía libros e historias en todo lugar, incluso en el baño. Era el único sitio en el que podía estar sola». Deb tenía unos impactantes ojos azules que le bañaban la cara de luz, ojos que lucían como si estuvieran siempre listos para reír. «Leer era mi escape», suspiraba. Me senté frente a ella en ángulo y le tomé la mano mientras seguía compartiendo sus aventuras de infancia. Era el momento de Deb recordar cosas que valían la pena.

Justo antes de irme aquella tarde, me pidió que recogiera sus cartas y los comentarios de los lectores que yo había impreso y le había dado unos días atrás. Los había dejado en una mesita junto a la cama de hospital que le habían instalado en la sala de su casa.

«Tengo que decirte algo», posó la mano en la pila de páginas arrugadas que puse frente a ella. Las acariciaba como si estuviera leyendo Braille. «Algunos días, cuando leo tus cartas, es como si supieras exactamente cómo me siento», sonrió con la boca torcida, tenía la cara inflamada y deshidratada por las grandes dosis de esteroides y de medicamentos tóxicos. «Pensé que escribías historias solo para mí, hasta que leí estos comentarios y vi cuántas personas las necesitan también». Su voz era apenas un susurro. Después de una visita de tres horas, se había quedado sin energías.

Me levanté para partir, pero ella alzó la mano como un policía que detiene el trafico. No había terminado lo que quería decir y estaba esforzándose por recuperar el aliento para continuar.

«Solo quiero que sepas...», tosió profundamente, no era tos seca y se llevó las manos al pecho.

Estaba a punto de decirle que lo que tuviera que decir podría esperar a otra ocasión, pero sus ojos me dijeron que el momento era *ya*.

«Quiero que sepas —repitió— que si mi enfermedad te ha inspirado a escribir estas historias, el cáncer ha valido la pena». Se desplomó en la silla y me sonrió, satisfecha por la victoria de haber podido terminar la frase.

Era mi turno para luchar por aire. Mi primera reacción fue estar en desacuerdo vehemente y decirle que *nada* puede hacer que el cáncer valga la pena. Pero no lo hice. No dije una palabra. Algo me dijo que Deb se resistía y se dejaba llevar, al mismo tiempo, y que yo tenía que aceptar esa gracia, ese ofrecimiento que era más grande que yo, así que hice la única cosa en la que pude pensar: puse mi mano sobre la suya y, durante los momentos que siguieron, las dos nos sentamos en silencio con las manos sobre las cartas.

Era a la hora del almuerzo que yo veía a Deb. Todavía puedo ver cómo le destellaban los ojos cuando se reía en cuanto a leer en el baño. Aún puedo saborear esos tomates dulces de verano, cosechados ese día del jardín del vecino. Pero lo que más recuerdo acerca del almuerzo es el momento en que nos dimos cuenta de que habíamos tenido una conexión que se remontaba a mucho más allá del día en que nos conocimos, y de cómo reímos cual adolescentes cuando exclamamos al unísono: *¡Dios sabía!*

Él era el único capaz de saber que cuando éramos niñitas, ambas usábamos los relatos como un escape. Y que al crecer, las usaríamos una vez más.

Una de nosotras contó historias.

Una de nosotras las leyó.

Estaré por siempre agradecida con Deb por dejarme decir las mías.

Amor, Margaret

Sí, haré yo memoria de tus maravillas antiguas.
—Salmos 77.11

Reconocimientos

Escribir es un esfuerzo solitario, pero se requiere un montón de gente para convertir las palabras en un libro. Especialmente este, que comenzó como una carta a una amiga enferma, supuestamente la única lectora.

Estoy en deuda con mi familia y con mis amigos, que me dieron permiso de usar aquí su nombre. Estoy segura de que se sentirán un poco extraños al leer sobre ellos mismos en historias del pasado, a excepción de mi padre ¡que estará subrayando su nombre en cada una de las páginas en que se le menciona!

Las siguientes personas me ayudaron a llegar a este momento. Estoy que reviento de gratitud por las generosas contribuciones que hicieron a mi trabajo.

- Jane Resh Tomas, mentora literaria extraordinaria, quien me enseñó a asomarme a la profundidad de mi corazón y a escribir acerca de lo que allí encontrara.

- Lynne Jonell, escritora y amiga, quien leyó el primer borrador de mis historias sobre mi llegada a la fe y me ayudó a hallar mi voz.

- Ruth Conard, misionaria, ministra, escritora y amiga querida, quien me tomó de la mano y me presentó al amor más grande de mi vida.

- Mi grupo de descubrimiento del templo Woodridge, quienes me enseñaron el poder de una comunidad amándome durante mi divorcio y ayudándome a encontrar mi camino en el bosque cada vez que me perdía.

- A mis amigos de Minnesota, Mark, Sarah, Eve y Helayne, que me animaron en mis inicios en la escritura. Gracias por su apoyo y por ayudarme a seguir siendo franca.

- Mi admiración al equipo de Wellington Square Church: Bonnie, Fran, Heather G., Heather W., Diane y Nancy. Ustedes, amigos, tienen los corazones más grandes, dan los consejos más sabios y me asombran con todas las maneras de amar que conocen. ¡Son extraordinarios!

- Grupo de oración de Wellington Square Church, especialmente Heather y Penny, por pronunciar bendiciones diarias sobre las cartas de Deb y para todos los que las leyeron durante esos seis meses.

- Len Sweet, amigo y mentor, por alcanzar a una extraña con hermosas palabras de aliento y por enseñarme el verdadero significado de la sanación.

- La hermana de Deb, por hacer a un lado su propio luto y ayudarme con el inicio y el fin de este libro.

- John y Tina, por su amistad y por permitirme retirarme a Movanagher, su casa veraniega, y a Eden por escribir, descansar y sanar.

- Doug, por su profundo y sincero consejo legal y por compartir la emoción de este viaje.

- Jeanette Thomason, escritora y amiga, por su fe en mis palabras y presentarme a Bryan Norman de Thomas Nelson.

- Todos los de Thomas Nelson, cuyo talento y trabajo arduo contribuyeron a hacer esto realidad. Bryan Norman, por defender este libro desde el principio, por incluirme en cada paso del proceso y por llamarme exactamente en los momentos precisos. Julie Faires y su equipo creativo por el brillante diseño de la portada, que hace que mi corazón se acelere cada vez que lo veo. Renée Chavez, coordinadora del proyecto, por mantenerme en la tarea, por su amable paciencia al enseñar a una principiante acerca del proceso, y por iluminarme con sus respuestas a cada correo electrónico.

- Mi hermana Debbie, de vuelta a mi vida tras una larga ausencia. Te quiero por leer las cartas a Deb, por responderlas todos los días con valentía y oración, y por compartir juntas nuestros recuerdos de la infancia.

- Mi hermana pequeña, Lisa, por ser mi aficionada más grande, así como aliada, por llorar conmigo cuando escribí acerca de un pasado que era muy doloroso para ser dicho en voz alta, por vivir conmigo hombro con hombro, siempre con esperanza en el corazón, y por amarme a través de cada una de las palabras que escribí.

- Mis hijos, Michael y Patrick, por enseñarme el significado del amor y el perdón incondicionales. Me han apoyado en cada decisión que he tomado por la familia, incluso cuando no estaban de acuerdo con mis elecciones, me han alentado a continuar con mi escritura en esos días en que sentía que no tenía nada que ofrecer, y me ayudaron a reírme de mí misma cuando más lo necesitaba. Estoy bendecida de ser su mamá más allá de las palabras.

- Y a Dios, por hacerme y por darme una pequeña parte que representar en su historia.

Algunas cosas acerca de Margaret...

Me encanta(n):
- Las historias de actos de amabilidad al azar y de cómo me hacen sonreír por días.
- El cambio en las estaciones, porque siempre hay un comienzo y un fin.
- El cielo, por la manera en que me insta a preguntarme acerca de la eternidad.
- La frecuencia con la que me sorprenden la honestidad y la vulnerabilidad.
- Ser mamá.

Hace algunos años le pregunté a mi papá cómo era yo cuando niña, y me dijo: «Fuiste la niña más alegre que haya conocido. Siempre estabas cantando y soñando», me tomó mucho tiempo encontrar a esa pequeña otra vez, pero me alegra decir que regresó y planeo mantenerla por aquí.

Este es mi primer libro, mientras lo lea, estaré escribiendo y soñando muchos más.

Por favor, visítenme en margaretterry.com, en Facebook o twitter@letters2deb.

www.ingramcontent.com/pod-product-compliance
Ingram Content Group UK Ltd.
Pitfield, Milton Keynes, MK11 3LW, UK
UKHW020833120325
456141UK00003B/160